Vergessene Pfade
um den Königssee

Für Danai und Isolde

Vergessene Pfade um den Königssee

32 außergewöhnliche Touren abseits des Trubels

Joachim Burghardt

INHALTSVERZEICHNIS

Herbstgold im Berchtesgadener Land

Lichtkaskaden über Hagengebirge, Tennengebirge und Dachstein

INHALTSVERZEICHNIS

Das südwestliche Steinerne Meer mit dem Riemannhaus

Aussichtskanzel Mooslahnerkopf

Vorwort

Dieses Buch zu schreiben, war ein Abenteuer im Kleinen. Es stellte sich als eine große und schöne Aufgabe heraus, Bergerlebnisse zu Hause am Arbeitstisch noch einmal nachzuvollziehen, Erinnerungen und Geschichten wachzurufen, in Büchern zu forschen und sich im Laufe von Monaten allmählich die Worte und Bilder zurechtzulegen, die zuletzt als Ganzes dastehen sollten. Ein Abenteuer war die Arbeit aber auch deshalb, weil sie mich in die Geschichte meines eigenen Bergerlebens zurückführte. Denn die Berge rund um den Königssee waren das erste Gebirge, das ich für mich lieb gewann.

Als Kind unternahm ich mit meinem Vater erste Hüttenwanderungen, als Jugendlicher ließ ich mich von den Bildern und Texten in Horst Höflers Buch »Berchtesgadener Alpen« zum Träumen anregen. Die »beständige Sehnsucht, die nie enttäuscht wird«, packte auch mich. Es lag auf der Hand: Diese Berge übten einen ganz besonderen Reiz aus, der die Anziehungskraft anderer Landschaften überstieg. Als ich dann mit sechzehn Jahren zum ersten Mal auf der Watzmann-Mittelspitze stand, glaubte ich einen Endpunkt erreicht, das Allerwichtigste geschafft zu haben. Ich

Sehnsucht Berchtesgadener Alpen

kannte nun ja alles vermeintlich Bedeutsame: St. Bartholomä mit seinem Souvenirtrubel, das Trompetenecho und die Sage vom schrecklichen König; ich hatte ein paar Normalwege in meinem Tourenbuch verzeichnet und war bei jeder Fahrt über den Königssee aufs Neue gespannt, ob die Zahl der Toten in der Watzmann-Ostwand schon wieder gestiegen war. Der größere und stillere Teil der Wirklichkeit blieb mir hingegen noch verborgen.

Doch die Watzmann-Besteigung war ja erst der Anfang. Jahr für Jahr kehrte ich öfter zurück, entdeckte Schritt für Schritt Neues und Verborgenes. Die wichtigste Erkenntnis dabei war: Neben den touristischen Brennpunkten existiert auch noch eine tiefere Dimension, die nur bei genauem Hinsehen hervortritt – alte Viehtriebsteige, unbekannte Pfade, verfallene Hütten, abgelegene Hochflächen, selten betretene und sogar namenlose Gipfel, vor allem aber auch eine Menge Hintergrundwissen, das im Laufe der Zeit verschüttgegangen ist oder einem breiteren Publikum nie zugänglich war. Mit Feuereifer besorgte ich mir antiquarisches Bücher- und Kartenmaterial, suchte und fand wenig bekannte Routen, an denen die Erschließungs- und Werbemaschi-

nerie gänzlich vorübergegangen ist – großartige Orte der Stille, manchmal beinahe eine vergessene Welt. Aus dieser aufregenden Recherche ging schließlich selbst wieder ein Buch hervor, das Sie nun in den Händen halten. Es präsentiert eine Auswahl von 32 Touren, die teils in die Einsamkeit führen, teils aber auch Bekanntes neu betrachten, eine neue Annäherung an ein literarisch fast schon zerschriebenes und bergtouristisch stark kanalisiertes Gebirge wagen wollen. Keine »32 schönsten zum zigsten Mal« also, sondern 32 schöne ohne Superlativ, oft unkonventionelle Touren. Und mit Sicherheit 32 Mal ein besonderes Naturerlebnis für den Liebhaber, der nicht nur dorthin gehen mag, wohin alle schauen.

Die Gefahr, den einen oder anderen »Geheimtipp« durch die Veröffentlichung kaputt zu reden, ist dabei nur gering. Denn solange die einsamen Pfade nicht in groß angelegten Kampagnen beworben, markiert und ausgebaut werden, wird eine einzelne Publikation nicht viel an ihrem Dornröschenschlaf ändern. Ein nettes Detail aus der alten Literatur wieder hervorzuholen, kann ohnehin nicht schaden – im Gegenteil: es hilft, Wissen zu bewahren. Und man muss es wirklich einmal sagen: Ein mit viel Mühe, vielleicht auch mit Liebe angelegter Pfad im Gebirge stellt einen kulturellen Wert dar, er ist Ausdruck des menschlichen

Ringens und Unterwegsseins in einer wilden Natur – und als ein solcher verdient er es, der Nachwelt erhalten zu werden. Darum dieser Tourenführer.

Dieses Buch zu schreiben stellte mich bei aller Begeisterung auch vor Schwierigkeiten und geriet zu einer echten Belastungsprobe. Im Sommer der Geburt meines ersten Kindes immer wieder aufzubrechen, war keine einfache Aufgabe. Dazu kommt, dass mein legitimes Vorhaben, auch bestimmte unmarkierte und weglose Touren zu beschreiben, manchen ein Dorn im Auge war. Der Druck, der infolgedessen aufgebaut wurde, zwang mich dazu, einige bereits erarbeitete Touren zu streichen, andere zu verändern und neue hinzuzufügen. Ich hoffe, dass es mir trotz all dieser notwendig gewordenen Änderungen dennoch gelungen ist, eine interessante Auswahl herauszuarbeiten.

Letztendlich war die Verwirklichung dieses Buches nur durch die Unterstützung von Familie und Freunden möglich, die mir im Lauf der letzten Monate und Jahre immer wieder zuteil wurde. Ich danke daher allen meinen Tourenpartnern und insbesondere meiner Frau und meinen Eltern für ihre Geduld und Hilfe. Ihnen und allen Lesern wünsche ich leuchtende Erlebnisse am Berg und tiefgründige Freude bei der Lektüre dieses Buches!

Joachim Burghardt

Schönheit ist überall – man muss sie nur entdecken!

Einführung

Berchtesgaden und die Schönheit

Ein neues Buch, ein neuer Artikel über Berchtesgaden und seine Berge – das bedeutet oft die Wiederholung von sattsam Bekanntem: gewohnte Postkarten-Fotomotive, schon vielfach gelesene Lobeshymnen, interessanterweise auch die gleichen Griffe in die Zitatekiste. Publikationen über Königssee & Watzmann berufen sich mittlerweile fast immer in der Einleitung auf eine berühmte Persönlichkeit à la Ludwig Ganghofer, Heinrich Noë oder Alexander von Humboldt. Ohne deren hundertfach wiedergegebene Bonmots hier ein hundertunderstes Mal strapazieren zu wollen, kann ich doch nicht umhin, am Beispiel des Drittgenannten auf die pikanten Hintergründe hinzuweisen: Der Historiker Robert Hoffmann hat in einer 2006 erschienenen, höchst lesenswerten Abhandlung überzeugend dargelegt, dass der berühmte Ausspruch Alexander von Humboldts, er halte die

Der Watzmann gehört untrennbar zu Berchtesgaden.

Gegenden von Salzburg, Neapel und Konstantinopel für die schönsten der Erde, mit hoher Wahrscheinlichkeit nicht authentisch ist. Erst 1870 tauchte dieses angebliche Zitat plötzlich auf, wurde sofort als dankbarer Slogan instrumentalisiert und oft nach Gutdünken abgeändert. Hoffmann weist darauf hin, dass Friedrich Schönau in seinem Werk »Hochlandromantik um den Königssee« im Jahre 1952 schließlich auch Berchtesgaden mit ins Zitat schmuggelte. Dies hatte Eugen Fischer alias A. Helm allerdings schon 1929 getan, als er in seinem Buch »Das Berchtesgadener Land im Wandel der Zeit« Humboldt den Satz in den Mund legte: »Die Gegenden von Salzburg-Berchtesgaden, Neapel und Konstantinopel halte ich für die schönsten der Erde.« Eine überwältigende Zahl von neueren Publikationen ist auf diesen Zug aufgesprungen und präsentiert immer wieder stolz diese Abwandlung eines ohnehin nicht echten Zitats. Nur sehr wenige machten wie Horst Höfler in sei-

nem Watzmann-Buch darauf aufmerksam, dass der Ausspruch nicht belegt ist. Halten wir dies kurz fest, um uns klarzumachen: Beim frenetischen Lobpreis einer Landschaft, vollends in der Werbung, ist offensichtlich alles erlaubt und vieles Fassade. Ein wenig genauer hinzusehen, nicht alles unkritisch zu übernehmen, nicht nur in breit ausgetretene Fußstapfen zu treten – das wäre ein guter Einstieg in die Berge rund um den Königssee und zugleich ein Anliegen dieses Buchs.

Nebenbei, eines wird ja gern vergessen: Nicht zu allen Zeiten stimmten Reisende in den Lobgesang auf die Schönheit des Berchtesgadener Landes ein. In früheren Jahrhunderten wurden die schroffen Bergmassive mit ihren dunklen Wäldern und den langen Wintern eher als abweisend, ja beängstigend empfunden, und auch nach 1800 quoll beileibe nicht jeder Reisebericht vor zügellosem Enthusiasmus über. In der Gegenwart freilich vermutet man im Gebirge zwischen Saalach und Salzach gemeinhin keine Brutstatt von Geistern und Drachen mehr. Wir empfinden Göll, Watzmann und Hochkalter überwiegend als schön, gleichwohl ein gewisser Schauder noch heute manchmal über unsere Rücken rieselt, etwa beim Blick in die Tiefe oder beim Gedanken an einen Schneesturm am ausgesetzten Grat.

Dass Berchtesgaden und seine Berge heute so gerühmt werden, hat natürlich einige ganz handfeste Gründe. Reizend sind etwa seine alten und zugleich lebendigen Traditionen, die in anderen Landesteilen oft nur noch als museale Erinnerung nachwirken. Interesse wecken auch die hiesige Almwirtschaft und der Salzbergbau. Die starke Zersiedelung der Landschaft in viele Einzelgehöfte (»Lehen«) ist schön anzuschauen, wirkt ländlich-malerisch und stellt kleinräumige Vielfalt her. Das ehemalige Augustiner-Chorherrenstift und seine umliegenden Straßenzüge dagegen bilden das urbane Zentrum des pittoresken Marktfleckens Berchtesgaden. Ist nicht immer wieder der Gedanke faszinierend, dass hier bis ins Jahr 1803 ein mehr oder weniger unabhängiger Fürstpropst herrschte? Mit der Stiftskirche, dem Wallfahrtskirchlein Maria

Gern, der Pfarrkirche St. Sebastian in der Ramsau und der Kapelle von St. Bartholomä existieren vier Sakralgebäude, die als Fotomotive überregional berühmt wurden und oft als repräsentative Aushängeschilder für ganz Bayern herhalten. Schließlich und endlich wären auch die sprachlich-dialektalen Eigenheiten und überhaupt der so selbstbewusste, sympathische bis dickschädlige Menschenschlag zu nennen – man muss vom Landl, wie es die Einheimischen selbst nennen, einfach begeistert sein.

Doch diese Aspekte menschlicher Kultur sind nur die eine Seite der Medaille. Auf der anderen Seite steht die Natur – eine überaus facettenreiche Bergwelt, in der steile Felswände ebenso zum Landschaftsbild beitragen wie flache Hochplateaus und bewaldete Hügel. Die Zergliederung in neun sehr unterschiedliche Einzelgebirge, im Kreis um Berchtesgaden angeordnet, lassen diesen Alpenteil interessanter erscheinen als eher gleichförmige Massive, und es war vielleicht gar nicht vermessen, dass das Berchtesgadener Land in der Zeit der Romantik sehr oft als »Schweiz im Kleinen« bezeichnet wurde. Letzten Endes

Ideallandschaft Berchtesgadener Land

Touristenmassen am Königssee …

sind es wohl einige Besonderheiten, die den Berchtesgadener Alpen die Aura des Außergewöhnlichen verleihen: Erstens natürlich »König« Watzmann als Blickfang und Wahrzeichen des Landes, zweitens der Königssee als immer wieder geheimnisvoller, herrlicher See, aber auch die Gesamtheit der umliegenden Berge mit all ihren charakteristischen Formen und Eigenheiten. Vom Enzian bis zur seltenen Bergkieferart, vom Murmeltier bis zum Steinadler, vom tiefen Gewässer bis zur himmelho-

hen Felswand – so viel atemberaubende und gleichzeitig idyllische Natur auf verhältnismäßig engem Raum gibt es nur ganz selten.

Der entscheidende Punkt bei der Betrachtung der Berchtesgadener Alpen aber scheint mir das Miteinander von Mensch und Berg zu sein, das Verwobensein der landschaftlichen Pracht mit den Spuren der Wald- und Almbauernkultur: Unter großen Mühen angelegte Viehtriebsteige, Waldpfade und Weideflächen, architektonisch-kulturhistorisch wertvolle Almgebäude und vor allem unzählige Flurnamen erzählen noch heute Geschichten aus einer vergangenen Zeit und wirken identitätsstiftend. Ein aufmerksamer Blick in die Alpenvereinskarte lässt ganze Welten menschlichen Berg-Erlebens vor dem geistigen Auge heraufziehen: Da gibt es die Verlorene Weid, das Himmelreich, 's Paradeis, die Wunderquelle, die Regentiefe, Gold- und Silberbründl, das Kälbergrubenwindloch, die Rosengrube und die Bärengrube, das Tote Weib, den Saurüssel, den Großen Hundsschädel und eine Lindwurmhöhle. Diese Landschaft ist, obwohl hochalpin und schwer zugänglich, von menschlichem Tun und Schaffen durchdrungen. Das macht sie lieblich und liebenswert – viel mehr, als dies in einem von Menschen unberührten Ödland der Fall sein könnte.

Wege und andere menschliche Spuren

Wer sich im Königsseegebiet ein wenig auskennt, sollte einmal einen Blick in die »Karte der Berchtesgadener Alpen« werfen, die der Deutsche Alpenverein im Jahr 1887 herausgegeben hat. Es ist kaum zu glauben, wie viele Wege und Pfade dort verzeichnet sind, die heute niemand mehr kennt. Tatsächlich existierten damals noch unzählige Alm-, Forst- und Jagdsteige, die sich auf kühnste Weise selbst durch abweisende Steilhänge schlängelten und die Landschaft wie ein enges Netz überzogen. Einige davon sind mittlerweile im wahrsten Sinne des Wortes von der Landkarte verschwunden und nicht mehr auffindbar, andere wiederum wachsen allmählich zu, werden aber hin und wieder noch

---

FUNDSTÜCKE DER REISELITERATUR

Die vielen erhaltenen Reiseberichte aus dem 18. und 19. Jahrhundert sind heute von unschätzbarem kulturhistorischen Wert. Bei der Lektüre fällt auf, dass einige Reisende in erschreckender Deutlichkeit über die Berchtesgadener und Pinzgauer Bevölkerung urteilten: So stellte C. Meiners im Jahr 1788 fest, in Berchtesgaden seien *beyde Geschlechter … weder groß, noch schön*, und er könne sich nicht besinnen, *eine einzige schöne Bäuerin, oder einen einzigen großen wohlgewachsenen Bauernkerl* gesehen zu haben. Franz Friedrich von Spaur wurde im Jahr 1800 noch deutlicher: *In diesem Winkel der Erde scheint indessen alles zur Herabwürdigung des Menschen sich zu vereinigen.* Auch Franz Sartori giftete 1811: *Wer die Menschheit auf einer tiefen Stufe von Selbsterniedrigung und gewohntem Elende sehen will, der darf nur eine Excursion durch den Markt Berchtesgaden machen,* die dort ansässigen Bettler jener Zeit bezeichnete er als *Halbmenschen.* Sogar Hermann von Barth ließ seinen sonst so leuchtenden Edelmut vermissen, als er 1874 genervt vermerkte, die *pinzgauerische Stupidität* werde noch auf ferne Jahrhunderte hinaus das Wahrzeichen des Berchtesgadener Ländchens sein, und das Gehirn des Pinzgauers sei nur rudimentär ausgeprägt. Und noch 1909 führt F. Bohlig in seinem Watzmannführer aus, der Berchtesgadener sei freundlich, artig, dienstgefällig und höflich, *worin er sich vom benachbarten Pinzgauer sehr zum Vorteil unterscheidet.*

… und die vergessene Welt der Rotwandalm im Hagengebirge

begangen und tauchen auch in guten neueren Karten auf. Wer glaubt, dass die Erschließung des Gebirges fortschreitet und dass folglich auch die Weganlagen immer zahlreicher werden, irrt. Im Gegenteil: Im Laufe der letzten 120 Jahre ist die Zahl der Wege rund um den Königssee deutlich zurückgegangen. Die Gründe dafür sind vielfältig und im Wechselspiel von Almwirtschaft, Jagd, Forstwirtschaft, Tourismus und Naturschutz zu suchen. Die Almwirtschaft etwa wird nur noch zu einem Bruchteil früherer Ausmaße betrieben, was zur Folge hat, dass alte Hütten sowie Viehtriebsteige verfallen und freies Wiesengelände vom Dickicht zurückerobert wird. Verantwortlich für den Rückgang der Almwirtschaft bis in die 1970er-Jahre waren diverse Faktoren, wie z. B. Jagdinteressen, steigende Personalkosten oder eine fortschreitende Verkarstung des Bodens, in früheren Jahrhunderten auch eine langfristige Abkühlung des Klimas. Für den Tourismus wurden einige Wege neu angelegt, meist baute man jedoch bereits bestehende Pfade aus und markierte sie. Der Naturschutz wiederum legte verschiedenen Nutzungsformen des Gebirges Beschränkungen auf, was sich auf den Bestand der Jagd- oder Forstinfrastruktur negativ auswirkte. In geschützten Gebieten darf heute verständlicherweise kein neuer Weg mehr gebaut werden, doch leider ist nicht einmal der Bestand der bereits bestehenden Pfade gesichert. Viele alte Steige, zum Teil sogar markierte Wanderrouten wer-

MENSCHLICHE SPUREN IM GEBIRGE

Selbst an entlegenen Orten in den Berchtesgadener Alpen hat der Mensch Spuren hinterlassen, die mehr oder weniger deutlich zu erkennen sind:

Hütten	Materialseilbahnen
Wasser-, Strom- und Telefonleitungen	Gedenktafeln
Ruinen	abgeworfene Flugzeugtanks aus dem
Spuren der Weidetierhaltung	2. Weltkrieg
Steinmauern	Weg- und Gipfelkreuze
Kletterhaken und Schlingen	herumliegender Müll
Wege/Steige/Pfade	Hubschrauberlandeplätze
künstliche Tritte im Fels, Holzstufen	Dolinenabdeckungen
Farbmarkierungen	Überreste von Klausen
durch Sprengung verändertes Felsgelände	künstlich veränderte Bachläufe
Markierungsstangen	Material von Höhlenforschern und anderen
Messgeräte und Wetterstationen	Wissenschaftlern
Steinmänner	Reste eines Flugzeugwracks im Watzmann-
alte Bergbauschächte	kar
Wegweiser	ein Auto im Königssee

Darüber hinaus zeigt sich das Schalten und Walten des mehr oder weniger vernunftbegabten Zweibeiners auch am Fehlen früher vorhandener Tierarten (z. B. Lämmergeier, letztes Exemplar am Königssee 1855 abgeschossen), an der Wiederansiedlung von zuvor ausgerotteten Tierbeständen (z. B. Steinböcke im Hagengebirge) und an der teils stark anthropogen veränderten Flora (infolge von Alm- und Forstwirtschaft). Vom Menschen wirklich unberührt sind letztlich nur wenige unzugängliche und für Kletterer uninteressante Steilflanken.

den nicht mehr erhalten, verfallen mit der Zeit oder werden sogar bewusst unkenntlich gemacht. Die Gratwanderung zwischen Natur- und Kulturschutz ist nicht einfach, Interessenskonflikte sind vorprogrammiert.

Die Königsseer Berge und ihre Namen

Der Blick in die alte Karten- und Führerliteratur ist nicht nur hinsichtlich der Wege aufschlussreich, auch der Vergleich von Geländebezeichnungen führt zu interessanten Erkenntnissen: Einige Gipfel heißen heute anders als früher, zwei haben irgendwann ihre Namen getauscht (siehe Tour 23), einer besitzt gar keinen Namen (Tour 16). Und in vielen Fällen ist die Toponymie schlicht und einfach nicht geklärt; verschiedene Karten und Bücher irren oder widersprechen sich, so etwa bei der Hundstodscharte, dem Schareck oder dem Niederbrunnsulzenkopf. Viele Bezeichnungen existieren in mehreren Varianten (Alhorn, Ahlhorn, Aulhorn, Äulhorn) und entstammen einer mündlich-dialektalen Tradition, deren schriftliche Fixierung Schwierigkeiten bereitet. Wie sind fremd klingende Ortsnamen wie »die Gu'n« oder »Jakeibloak« (beide im Steinernen Meer) zu verstehen? Oftmals wird nicht einmal klar, welches Genus und welchen Numerus die Bergnamen haben: »der mächtige Funtenseetauern« oder »die mächtigen Funtenseetauern«? Bis heute begegnet beides im Schrifttum. Es bleibt der Eindruck eines wilden Gebirges, das sich dagegen wehrt, verdinglicht, verbalisiert, in eine amtliche Welt hineingezwungen zu werden.

Die Touren dieses Buchs

Angesichts der unüberschaubar vielen Publikationen, die großflächig die bekannten, prestigeträchtigen Paradeziele beschreiben, ist es mir mit diesem Buch ein Anliegen, auch auf weniger prominente Berge, Wege und ihre Hintergründe aufmerksam zu machen. Nicht alle vorgestellten Touren führen dabei über »vergessene Pfade« im wörtlichen Sinn. Auswahlkriterien waren oftmals auch der ge-

BERGE, DEREN NAMEN SICH GEÄNDERT HABEN (Auswahl)	
Heutiger Name	**Früherer/alternativer Name**
Watzmann-Südspitze	Schönfeldspitze
Watzmannmassiv	Östliche Wimbachgruppe
Schöneck	Streichenbeil
Streichenbeil	Schöneck
Brandenberg	Schottmal
Glunkerer	Grünseetauern
Rotspielscheibe	Scheibe
Mitterhörnl	Scheereck
Schareck	Hochponeck, Scheere
Schönfeldspitze	Freithofzink, Hochzink, Zink

ringe Bekanntheitsgrad einer Tour, eine besondere Herangehensweise an ein »gewöhnliches« Ziel oder auch ungewöhnliche Geschichten, die es wert sind, erzählt zu werden – es ging mir letztlich immer darum, den Blick für wenig Beachtetes zu schärfen. Die vorgestellten Touren konzentrieren sich auf das Königsseetal, den Berchtesgadener Talkessel, Teile des Göllstocks und des Hagengebirges, das Steinerne Meer sowie den Watzmannstock, ohne streng geographischen Einteilungen zu folgen oder in einzelnen Gebirgsgruppen Vollständigkeit anstreben zu wollen. Einige wenige Touren zählen orographisch zum Untersberg oder zum Hochkalterstock. Keine Aufnahme in dieses Buch fanden Touren, die extrem mühsam, gefährlich oder zu schwierig sind, um seilfrei begangen zu werden. Auf naheliegende Kombinationsmöglichkeiten einzelner Touren, die sich in unmittelbarer Nähe zueinander befinden, wird im Infoteil jeder Tour hingewiesen.

Linke Seite: Genussvolle Höhenwanderung am Wurmkopf

»Eine strenge Stille thront über Fels und Abgrund« – Abend am Watzmann-Hocheck

Leicht: Technisch einfache, meist kürzere Wanderungen auf guten Wegen, in Einzelfällen auch mit längeren, konditionell anspruchsvollen Anstiegen.

 Mittel: Technisch mittelschwierige Bergwanderungen mit alpinem Charakter, die meist gute Kondition, einen sicheren Tritt, Schwindelfreiheit und im weglosen Gelände Orientierungssinn erfordern. Einzelne Stellen können bereits drahtseilversichert sein und die Zuhilfenahme der Hände erfordern.

 Schwer: Technisch anspruchsvolle Bergtouren mit alpinem Charakter, meist mit hohen Anforderungen an die Kondition. Ausgesetzte, eventuell gesicherte und oft weglose Passagen, steile und mühsam zu begehende Pfade, einzelne Kletterstellen bis zum II. Grad nach UIAA. Bergerfahrung, Trittsicherheit, Schwindelfreiheit und ein gutes Orientierungsvermögen sind zwingend erforderlich.

Anforderungen

Dieses Buch bietet von der kinderleichten Talwanderung bis hin zur Kletterei im II. Grad ein breites Spektrum an Touren und richtet sich in erster Linie an geübte Wanderer und Bergsteiger, welche die Berchtesgadener Alpen von einer neuen Seite erleben wollen und auch im anspruchsvollen und/oder weglosen Wandergelände Genuss empfinden. Die vorgestellten Touren sind in drei Schwierigkeitsgrade eingeteilt (siehe oben).

Es liegt auf der Hand, dass das Begehen alter Steige und das weglose Besteigen von entlegenen Gipfeln höhere Anforderungen stellen als eine Wanderung auf gut ausgebautem, markiertem Weg. Daher ist es unbedingt empfehlenswert, bei Zweifeln am eigenen Können zunächst die leichten Touren dieses Führers auszuprobieren und sich dann allmählich zu steigern. Neben **Trittsicherheit** und **Schwindelfreiheit** ist bei vielen der hier vorgestellten Routen ein gutes **Orientie-**

Im Felsgelände sollte man nicht »kopfscheu« werden, wie man in Berchtesgaden traditionell sagt.

rungsvermögen vonnöten: Der eine oder andere versteckte Pfad muss erst einmal gefunden werden, und vor allem im weglosen Terrain ist es wichtig, sich mit einer guten Karte, Kompass oder GPS-Gerät auszurüsten und mit diesen auch routiniert umgehen zu können. Noch besser ist allerdings ein »inneres« Orientierungssystem in Form von Bergerfahrung und einem scharfen Blick für die sinnvollste Route!

Tourenplanung

Da viele der Touren abseits der frequentierten Wanderrouten und Hütten verlaufen und im Notfall nicht mit einem vorbeikommenden Wanderer gerechnet werden darf, ist es doppelt wichtig, bei der Tourenplanung drei Dinge vorausschauend und gewissenhaft zu beherzigen: **Wettervorhersage und aktuelle Verhältnisse beachten – eigenes Können richtig einschätzen – Ausrüstung und Kleidung sinnvoll wählen!**

Letzteres bedeutet: Handschuhe und Mütze als Kälteschutz sowie trockene Wechselunterwäsche und ein Biwaksack für den Notfall sollten bei hochalpinen Touren auch im Sommer unbedingt mitgeführt werden, außerdem je nach Jahreszeit und Wetter auch Sonnenschutz in Form von Sonnenbrille, Sonnenhut, eventuell Sonnencreme. Angesichts der Möglichkeit eines Wetterumschwungs dürfen die Fleecejacke und ein Regenschutz nicht fehlen; auch eine lange Hose ist im Hochgebirge anzuraten. Feste Bergstiefel mit griffiger Sohle sind obligatorisch. Mobiltelefon, Stirnlampe, eine kleine Rucksack-Apotheke und Teleskopstöcke können sehr nützlich sein und sollten ebenfalls mitgenommen werden! Abgerundet wird die Notfallvorsorge durch eine kleine Essensnotration und ausreichend Getränke.

Die Regeln des korrekten alpinen Verhaltens können hier nicht im Detail aufgelistet werden. Ich möchte jedoch darauf hinweisen, dass das Unterwegssein in geschützten Gebieten ein noch größeres Maß an Umweltbewusstsein und Verantwortung erfordert, als dies ohnehin im Gebirge der Fall ist. Tiere dürfen nicht unnötig gestört, Pflanzen nicht gepflückt werden. Zelten und Kampieren sind verboten! Biwakiert werden darf im Allgemeinen nur außerhalb des Nationalparks Berchtesgaden, sofern keine Spuren zurückgelassen werden; innerhalb des Nationalparks sind Biwaks nur dann geduldet, wenn sie bei längeren Bergtouren fernab der nächsten Hütte und vor allem im hochalpinen Bereich unvermeidlich sind.

Pfade außerhalb des offiziellen Wegenetzes werden oftmals nicht gepflegt und instandgehalten, weswegen sich Verhältnisse und Schwierigkeit aufgrund von Sturmschäden, extremen Wetterlagen oder anderen Ereignissen kurzfristig ändern können. **Man muss damit rechnen, dass inoffizielle Routen in schlechtem Zustand oder sogar unbegehbar sind!** Die Angaben dieses Buchs wurden nach bestem Gewissen recherchiert, doch kann keine Gewähr für ihre Richtigkeit über-

nommen werden. Das Begehen nichtmarkierter Routen erfolgt vollständig auf eigene Verantwortung, für Unfälle kann nicht gehaftet werden.

Die angegebenen Gehzeiten sind wie immer grobe Orientierungswerte und geben die tatsächlichen Gehzeiten ohne längere Pausen an.

Führer, Karten, Literatur

Führer: Die umfassendsten Informationen liefert der unersetzliche Alpenvereinsführer »Berchtesgadener Alpen« (zuletzt 19. Auflage 2009). Allerdings bleiben auch in diesem Standardwerk manche Wege und Gipfel unerwähnt. Routenbeschreibungen können in Einzelfällen aufgrund ihrer Knappheit irreführend sein. Einige wenig bekannte Routen findet man weder in den ersten, noch in den jüngsten Auflagen des Führers; mehr Informationen bieten z. B. die 11. Auflage 1966 oder die 14. Auflage 1977.

Karten: Sehr empfehlenswert für die Touren dieses Buchs sind folgende Karten (Jahr der neuesten Ausgabe jeweils in Klammern):
• AV-Karte 10/1 »Steinernes Meer« 1:25 000 (2006)

Die schwierigen Touren erfordern leichte Kletterei im weglosen Gelände.

LITERATUREMPFEHLUNGEN

Die folgenden Empfehlungen stellen eine äußerst knappe, aber sehr lesenswerte Auswahl aus der unüberschaubaren Zahl der Publikationen zu den Königsseer Bergen dar.

Höfler, Horst: *Berchtesgadener Alpen.* Rosenheimer Verlagshaus 1993

Höfler, Horst; Zembsch, Heinz: *Watzmann. Mythos und wilder Berg.* AS Verlag 2003

DAV: *Jahrbuch des Deutschen Alpenvereins 1969* (Schwerpunktthema Steinernes Meer)

DAV & OeAV: *Alpenvereins-Jahrbuch 1972* (Schwerpunktthema Hagengebirge)

Schwarz, Erica: *Der Königssee. Monografie eines Bergsees.* Vonderthann'sche Buch-Offset-Druckerei und Verlag, o. J.

Sieghardt, August: *Königsseer Büchl. Ein Begleiter durch Kultur und Landschaft.* Dr. Heinrich Buchner Verlag 1949

Nationalparkverwaltung Berchtesgaden: *Alte Forschungs- und Reiseberichte aus dem Berchtesgadener Land.* Forschungsbericht 14/1988

Schöner, Hellmut: *Berchtesgadener Alpen. Berge – Erschließungsgeschichte – Schrifttum.* Hrsg. v. Alpenverein aus Anlaß des 75-jährigen Gründungsjubiläums der Sektion Berchtesgaden. Vonderthann'sche Buchdruckerei und Verlag, 1950

Ein Literaturverzeichnis mit allen für dieses Buch verwendeten Quellen (darunter über 130 Karten, Führer, weitere Bücher, Internetseiten u. a.) kann im Internet unter **www.bergfotos.de** eingesehen werden.

- AV-Karte 10/2 »Hochkönig/Hagengebirge« 1:25 000 (2008)
- AV-Karte Bayerische Alpen BY22 »Berchtesgaden/Untersberg« 1:25 000 (2008)
- Umgebungskarte »Nationalpark Berchtesgaden« vom Landesamt für Vermessung und Geoinformation Bayern 1:25 000 (2006)
- Topographische Karte »Berchtesgadener Alpen« 1:50 000 (2001) – umfasst das gesamte Tourengebiet dieses Buchs.

Alle anderen Karten sind qualitativ schlechter oder nur in Einzelfällen interessant. Kostenlose Internetkartenwerke sind unter www.bayernviewer.de und www.geoland.at zugänglich.

Wissenswertes zur Geographie

Die Berchtesgadener Alpen bilden eine Untergruppe der Nördlichen Kalkalpen und verteilen sich auf den südöstlichsten Zipfel Bayerns und die angrenzenden salzburgischen Gebiete – unterteilt in neun Einzelgruppen: Göll, Hagengebirge, Hochkönig, Steinernes Meer, Watzmann, Hochkalter, Reiter Alm, Lattengebirge und Untersberg. Zu beachten ist der begriffliche Unterschied zwischen »Berchtesgadener Land« und »Berchtesgadener Alpen«: Ersteres bezieht sich in der landläufigen Verwendung auf die zu Bayern gehörende Umgebung Berchtesgadens – das Gebiet der ehemaligen Fürstpropstei, das »Landl« – und erstreckt sich im verwaltungstechnisch-politischen Sinne auch auf die nordwestlichen Vorposten rund um Bad Reichenhall bis nach Laufen. »Berchtesgadener Alpen« dagegen ist der alpingeographische Begriff, der auch österreichische Gebiete wie zum Beispiel den Hochkönigstock einschließt. Dieser ist mit 2941 Meter Höhe der höchste Gipfel der Berchtesgadener Alpen, während die Watzmann-Mittelspitze mit 2713 Meter den Kulminationspunkt des Berchtesgadener Landes darstellt.

Das Berchtesgadener Kernland besteht aus fünf politischen Gemeinden: Berchtesgaden, Schönau am Königssee, Ramsau, Bischofswiesen und Marktschellenberg. Größter Ort ist der Markt Berchtesgaden (knapp 8000 Einwohner). Der Nationalpark Berchtesgaden umfasst – ganz grob gesagt – das gesamte bayerische Gebiet südlich des Königssee-Nordufers sowie zwei nördlicher gelegene Zonen in der Reiter Alm und im Massiv des Hohen Gölls. Nördlich vorgelagert ist das Nationalpark-Vorfeld; beides zusammen ergibt mit einem noch weiter nach Norden und Nordwesten erweiterten Bereich das sogenannte »Biosphärenreservat Berchtesgaden«. Auf österreichischer Seite schließt sich an den Nationalpark das Naturschutzgebiet Kalkhochalpen an.

Anreise

... mit Bahn, Bus und Schiff

Mit der Bahn fährt man von Freilassing, das auf der Strecke München–Salzburg liegt und auch aus Ostbayern (Mühldorf) erreicht wird, über **Bad Reichenhall** in rund 50 Min. bis zum Endbahnhof **Berchtesgaden**; ab München beträgt die Fahrzeit rund 3 Std., ab Mühldorf 2 Std. Mit dem »IC Königssee« besteht sogar eine direkte Zugverbindung von und nach Norddeutschland. Von Bad Reichenhall und Salzburg aus bestehen auch Busverbindungen nach Berchtesgaden. Von Berchtesgaden Hbf verkehren zahlreiche Busse, die für die in diesem Buch vorgestellten Touren relevant sind, so z. B. zum Königssee, zum Parkplatz Hinterbrand, nach Maria Gern, in die Schönau und zur Wimbachbrücke.

Alle weiteren relevanten Talbahnhöfe befinden sich entweder im Salzachtal östlich des Hagengebirges oder im Pinzgau südlich des Steinernen Meers und werden über die Linie Berchtesgaden–Salzburg–Hallein–Golling–Saalfelden angefahren. Die Fahrzeit beträgt von Salzburg nach Golling 40 Minuten, nach Saalfelden gut zwei Stunden.

Die Schifffahrt auf dem Königssee wird ganzjährig betrieben. Die Endhaltestelle Salet wird nur von April bis Oktober angefahren.

Verbindungen und Fahrpläne im Internet: www.bahn.de, www.oebb.at, www.rvo-bus.de, www.bayerische-seenschifffahrt.de

... mit dem Auto

Berchtesgadener Talkessel: Mit dem Auto gelangt man über die A 8 München–Salzburg ins Berchtesgadener Land. Dazu verlässt man die Autobahn entweder bei der Anschluss-stelle Traunstein/Siegsdorf und fährt auf der Deutschen Alpenstraße (B 305) über Inzell, Schneizlreuth und die Schwarzbachwacht von Westen her zur Wimbachbrücke und nach Berchtesgaden oder von der Anschlussstelle Bad Reichenhall auf der B 20 nach Bischofswiesen und Berchtesgaden (Variante hierzu: von Bad Reichenhall über B 21 und B 305). Von Salzburg her ist Berchtesgaden auch direkt auf der B 305 über Marktschellenberg zu erreichen.

Alle weiteren hier relevanten Talorte befinden sich in Österreich: **Weißbach** und **Diesbach** sind von Schneizlreuth an der Deutschen Alpenstraße (B 305) über die B 21, die B 312 und ab Lofer über die B 311 zu erreichen, **Saalfelden** und **Maria Alm** auf der Südseite des Steinernen Meers entweder von Norden über Lofer, von Osten aus dem Salzachtal oder von Süden über Zell am See. **Golling** auf der Ostseite der Berchtesgadener Alpen erreicht man aus Deutschland mit dem Auto folgendermaßen: mit Vignette über die A 8 zum Knoten Salzburg und weiter über die A 10 (Tauernautobahn); ohne Vignette auf der A 8 bis Piding und weiter auf den Bundesstraßen B 20, B 21 und B 1 nach Salzburg und über die B 150 und B 159 via Hallein; oder von Piding über Bad Reichenhall, Berchtesgaden, St. Leonhard und Hallein.

Annäherung an die Massive von Watzmann und Hochkalter

Gipfelhandschlag auf dem Schöneck

Die Touren

1 Das andere Bild des Königssees

Das ganze Tal von Berchtesgaden bis zum Röthbachfall

3:30 Std. 220/200 Hm

TOURENCHARAKTER

Landschaftlich wunderschöne, sehr einfache Wandertour mit Schifffahrt und vielen Sehenswürdigkeiten. Durchgehend breite Wege, zwischen Berchtesgaden und Königssee auch asphaltierte Straßen. Nur der Steig »am Wandl« entlang dem Obersee ist holprig und alpin, jedoch ungefährlich.

ETAPPEN

Berchtesgaden – Königsseer Ache – Königssee – Schifffahrt über Kessel und St. Bartholomä nach Salet – Obersee – Fischunkelalm – Fischunkel/Röthbachfall – zurück nach Salet

TALORTE

Berchtesgaden, 541 m; Dorf Königssee, 604 m

AUSGANGSPUNKT

Parkplatz direkt südlich vom Bahnhof Berchtesgaden

ANFAHRT

Mit Bahn oder Auto nach Berchtesgaden

GEHZEITEN

Berchtesgaden – Königssee 1 Std.; Anlegestelle Salet – Obersee 0:15 Std., Fischunkelalm 0:30 Std., Fischunkel/Röthbachfall 0:30 Std., zurück nach Salet 1:15 Std.; insgesamt ca. 3:30 Std. reine Gehzeit plus 2 Std. Schifffahrt

HÖHENDIFFERENZ

Insgesamt rund ↑250 Hm ↓200 Hm

BESTE JAHRESZEIT

Solange die Boote der Königsseeschifffahrt bis Salet verkehren, d.h. in der Regel von April bis Oktober. Der erste Teil der Tour ist ganzjährig zu empfehlen. Besonders schön und ruhig an Werktagen in der Nebensaison.

EINKEHR

Diverse Gaststätten im Dorf Königssee; Gaststätte in St. Bartholomä, Tel.: 08652/96 49 37; Alpengaststätte Saletalm, Tel.: 08652/630 07; Almen am Südufer des Sees

KARTE

Umgebungskarte »Nationalpark Berchtesgaden« 1:25 000

Kombinierbar mit Tour 2, 3, 6, 9, 14, 15, 16, 17, 19, 27

Selbst die kleinsten Bergsteigerinnen sind hier willkommen.

»Wo ist der Schriftsteller, der diese wahrhaft paradiesische Landschaft zwischen Berchtesgaden und Königssee, und gar noch am Königssee selbst, in die rechten Worte kleiden könnte?« – Diese Frage stellte August Sieghart 1949 in seinem »Königsseer Büchl«, und sie ist bis heute unbeantwortet. Mag man auch seine tiefsten Empfindungen mit den stärksten Begriffen wiederzugeben versuchen, von »heilig leuchtender Schönheit«, der »Perle der deutschen Alpen« oder »Bayerns Fjord« sprechen, eine stille Stunde am Königssee im Zauber des Morgens muss unaussprechlich bleiben – so schön, so unwirklich schön ist sie. Aber wer erlebt schon stille Stunden am Königssee? Den See zu besuchen, bedeutet zumeist, sich zusammen mit vielen anderen Touristen in ein Schiff zu setzen, andächtig dem witzelnden Bootsführer zu lauschen, mit einem leichten Schauder zur Watzmann-Ostwand hinaufzuschauen, in St. Bartholomä gut zu speisen und dann wieder heimzufahren.

Stille Stunden am Königssee Der Buchautor Armin Schneider schreibt: »Stille Wege ... und gleichzeitig Galanummern wie Linderhof oder Königssee, das geht nicht!« Mit diesem Satz – ich kann es aus eigener Erfahrung sicher sagen – irrt er: Es gibt durchaus auch am Königssee einsame Pfade, die in die Stille führen. Zugegeben, diese sind großenteils verfallen, verwachsen und für genussorientierte Wanderer alles andere als empfehlenswert. Wäre es daher nicht auch einmal reizvoll, eine »ganz normale« Schifffahrt über den Königssee anzutreten und dabei mehr zu sehen als nur das, was bei jeder Fremdenführung immer wieder erzählt wird? Begeben wir uns also auf eine kleine Tour inmitten der Besucherströme und achten dabei auf hintergründige Details, die unseren Weg säumen! Beginnen wir unsere Wanderung mit dem Spazierweg von Berchtesgaden zum Königssee, der – früher von Reisenden hochgepriesen – im Zeitalter des Riesen-

Der Königsbachfall

parkplatzes am See obsolet geworden zu sein scheint, und durchmessen wir das gesamte Königsseer Tal bis hinten in den geheimnisvollen Talkessel, wo bei Wasserfallrauschen und himmelhohen Wänden die Welt scheinbar zu Ende ist ...

Zu Fuß zum Königssee Gleich südlich vom großen Kreisverkehr in Berchtesgaden, wo sich das Wasser der Ramsauer Ache mit dem der Königsseer Ache mischt, beginnt auf dem Parkplatz der etwa fünf Kilometer lange ausgeschilderte Weg zum Königssee. Bequem lässt es sich hier spazieren, und wir stimmen uns langsam auf die landschaftlichen Überraschungen ein, die dort unser harren. Zu Beginn verläuft der Weg rechts des Bachs, überquert ihn dann und führt bis zum Königssee auf der östlichen Seite der Königsseer Ache (Beschilderung beachten!). Abwechslungs-

reich geht es mal durch Wald, mal durch bewohntes Gebiet, und immer wieder ergeben sich schöne Blicke links hinauf zum Göllstock. Dann ist es soweit: Der Königssee liegt vor uns, und nach dem bisher so ruhigen Anmarsch tauchen wir – vor allem an Schönwetterwochenenden – in den Trubel ein. Wer partout keine Lust hat, sich mit vielen anderen Ausflüglern in ein Boot zu setzen, kann die Wanderung auch mit einem Besuch des Malerwinkels, der Rabenwand (Tour 3) oder sogar des Brandkopfs (Tour 9) fortsetzen. Dennoch: Die Überfahrt mit dem Schiff muss man einmal gemacht haben! Normalerweise konzentrieren sich die Bootsführer mit ihren Erklärungen auf einen festen Kanon an Informationen, der vor allem den Pilgerschiffbruch an der Falkensteinerwand, den Malerwinkel, den Königsbachfall, das Echo, die Watzmann-Ostwand und die Auswirkungen

der niedrigen Wassertemperatur auf die Familienplanung eines badenden Mannes umfasst. Nicht selten erzählen sie den Touristen aber auch Seemannsgarn: etwa dass die Schönfeldspitze der höchste Gipfel des Steinernen Meeres sei (das Selbhorn ist zwei Meter höher), dass der Watzmann Deutschlands zweithöchster Berg sei (das ist der Hochwanner) oder dass sich zwischen Watzmannfrau und Großem Watzmann sieben Kinder befänden (nur fünf sind deutlich ausgeprägt).

NEBEL AM KÖNIGSSEE

Eines der außergewöhnlichen Naturphänomene am Königssee ist der häufig auftretende Morgennebel, der sich bei schönem Wetter in den Vormittagsstunden lichtet. Wer schon mit dem ersten Schiff nach Kessel fährt und genug Geduld hat, dort auf die Sonne zu warten, kann mit etwas Glück ein großartiges Schauspiel mitverfolgen, wenn sich die Nebelschwaden plötzlich auflösen und die in der Morgensonne gleißenden Watzmannwände freigeben. Mit Erica Schwarz möchte man dann fast sagen: »Wer früh mit dem Boot ausfährt, fährt in den ersten Schöpfungsmorgen.« Aber auch sonst lohnt es sich oft, in Kessel einfach mal auszusteigen und mit einem späteren Schiff weiterzufahren: Vor allem am Vormittag ist es so möglich, den See in völliger Ruhe zu erleben.

Wenig beachtete Details Achten wir während der Fahrt also auf einige weniger bekannte Details: Das flache Ufergelände am Fuße des Königsbachfalls (in Fahrtrichtung links, bald nach dem Malerwinkel) gehört zur verfallenen Ronneralm, einer von mehreren Almen am See, die heute nicht mehr bestoßen werden. Der Königsbachfall selbst ändert sein Aussehen stark, je nachdem, wie lange der letzte ergiebige Regen zurückliegt. Zusammen mit der Burgstallwand und dem Schrainbachfall war er früher Schauplatz der spektakulärsten Sehenswürdigkeit überhaupt im Berchtesgadener Land, des Holzsturzes. Gewaltige Massen von zugeschnittenen Baumstämmen wurden weiter oben im Königsbach aufgeschichtet, und das Wasser wurde mittels einer hölzernen Klause oberhalb des Holzes aufgestaut. Öffnete man die Klause, ergoss sich das aufgestaute Wasser mit unbändiger Kraft nach unten, riss die Baumstämme mit und warf sie in lautem Getöse über die Felswand des Wasserfalls bis zum Königssee hinab. Schaulustige – vom Holzknecht bis zum königlichen Ehrengast – verfolgten dieses monumentale Schauspiel aus sicherer Entfernung. Das Holz wurde übrigens anschließend nach Berchtesgaden getriftet und für die Salzgewinnung verfeuert.

Echowand und Kessel Das Schiff nähert sich dann der Echowand, wo mit Flügelhorn oder Trompete ein ein- bis zweifaches Echo sowie ein anschließender »klingender Widerhall« in der aufgehaltenen Hand des Bootsführers erzeugt wird. Dass hier früher mit Handböllern oder Pistolen geschossen wurde, ist bekannt; selten erzählt man hingegen, dass die Bootsleute für ihre Gäste manchmal auch laut gegen die Echowand sangen oder schrieen. Bevor das Schiff links die Bedarfshaltestelle Kessel erreicht, passiert es eine höhlenartige Einbuchtung in der Felswand direkt über der Wasseroberfläche (links), das sogenannte Kuchler Loch, von dem man früher annahm, dass hier Wasser aus dem Königssee abfließt und beim Gollinger Wasserfall im Salzachtal wieder zutage tritt. Dann folgt die Anlegestelle Kessel, ein besonders schöner Ort mit interessanter Vergangenheit. Reisende, die zu Beginn des 19. Jahrhunderts hierher kamen, erzählten voll Überschwang von der Einsiedelei, die sich ein

Berchtesgadener Händler namens Wallner hier errichtet hatte, die sogenannte Wallnerklause. Auch war vom »kleinsten Englischen Garten Europas« die Rede, der die kleine Landzunge zierte. Noch früher, als jeder noch so kleine Wiesenfleck als Weide wertvoll war, wurde der Ort als »Mini-Alm« genutzt.

Namen rund um den Königssee Anschließend geht es direkt auf St. Bartholomä zu. Wer sich etwas intensiver mit Karten und Lite-

Diese Lawine in der Watzmann-Ostwand fällt über 200 Meter senkrecht in die Tiefe.

Stille Stunden im Februar

Buntes Treiben an der Anlegestelle Salet

Das Reitl Wir wollen unseren Blick aber auf den wenig beachteten Ort genau gegenüber am Ostufer richten. Das sogenannte Reitl wurde zu früheren Zeiten als Alm genutzt – es ist also nach der Ronneralm und Kessel die dritte längst nicht mehr bewirtschaftete Alm am Königssee-Ostufer – und findet nun schon seit langer Zeit als Wildfütterungsplatz Verwendung. Manchmal kann man vom Schiff aus Hirsche beobachten, die sich von der bereitgestellten Nahrung bis an den See herablocken lassen. Das Reitl ist aber noch in anderer Hinsicht interessant: Wenn der Königssee im Winter zufror, das Eis jedoch nicht auf dem ganzen See tragfähig war, bestand für die Bewohner von St. Bartholomä im Reitl die einzige Möglichkeit, zum Dorf Königssee zu gelangen. Dazu überquerte man den See an seiner schmalsten Stelle über das dünne Eis mit einem Schwimmschlitten, der einen im Falle des Einbrechens an der Wasseroberfläche

ratur befasst, stellt vielleicht fest, dass es in der Gegend rund um den Königssee auffallend viele Geländebezeichnungen gibt: Fast jede Felswand hat einen eigenen, manchmal sogar mehrere Namen. Auch unbedeutende Bergerhebungen, einzelne Wiesen und Buchten sind benannt und werden so zu individuellen »Persönlichkeiten«. Allein zwischen der Falkensteinerwand und dem Eiswinkel am Westufer lassen sich zahlreiche solcher Orte aufzählen, etwa eine Felsgrotte namens Rentbeamtenwand, eine frühere Anlegestelle namens Kerschbaumer-Anlage oder eine Wasserhöhle namens Teufelsmühle. Sogar die breiteste Stelle des Sees, die wir jetzt passieren, verharrt nicht in Anonymität – sie heißt »Mitterling«. All dies zeigt, in welch innigem, ja liebevollem Verhältnis die Menschen hier traditionell mit ihrem Land lebten. Einer dieser besonderen Orte ist auch das Watzmannlabl, eine große Steilwiese hoch oben an der Südostflanke des 1. Watzmannkindes. Dieses schwer zugängliche Naturjuwel war früher für seinen Gämsen- und Edelweißreichtum bekannt und wird sogar in Gedichten besungen. St. Bartholomä ist zweifelsohne das touristische Zentrum schlechthin im weiten Umkreis, und man erlebt das Eingebettetsein dieses idyllischen Ortes in die wilde Gebirgswelt am besten dann, wenn die erste richtig warme Vormittagssonne im April den Hochgebirgsschnee nass und schwer macht. Dann donnern nämlich in den Watzmannwänden im Minutentakt Lawinen herab, während in St. Bartholomä schon die Blumen blühen, und sorgen für offene Münder bei den arglosen Königsseetouristen.

hielt, und verfolgte vom Reitl aus den alten Viehtriebsteig, der das gesamte Ostufer entlang führt und heute aufgrund von Sturmschäden und mangelnder Pflege nur noch sehr mühsam und nicht gefahrenfrei begangen werden kann. Aber auch Bergsteiger aus dem Steinernen Meer gingen früher von Salet zum Reitl, um dann per Zuruf ein Boot aus St. Bartholomä anzufordern.

Bei der Weiterfahrt nach Salet fällt der laute Schrainbachfall auf, in dessen Nähe sich vor langer Zeit eine zusätzliche Schiffsanlegestelle befand. Wenig später erreichen wir die Endhaltestelle Salet, und bei passenden Verhältnissen – z. B. während der Schneeschmelze im Frühjahr – können wir links oben an der Kaunerwand einen weiteren Wasserfall bewundern: den Staubbachfall mit seinen langen, silbrigen Wasserfäden. Unbedingt zu empfehlen ist jetzt noch die –

meist alles andere als einsame – Wanderung zum Obersee. Auf einem breiten Weg spazieren wir an der Gaststätte Salet vorbei und überqueren den Saletbach, auf dem früher Holz vom Obersee in den Königssee getriftet

Frisches Frühlingsgrün am Obersee-Ufer

Unterwegs am geheimnisvollen Obersee

Auch unmittelbar am Königssee sind Ruhe und Erholung möglich.

geführt: *fasciunculus*, »schmaler Wiesenstreifen« oder *fiscuncel*, »Fischteich«.

Ein letztes Wegstück liegt nun noch vor uns, führt noch tiefer in dieses weltferne Tal hinein. In den Wald hinaufsteigend, zuletzt wieder leicht bergab gelangen wir schließlich in den Talschluss, wo Deutschlands höchster Wasserfall, der Röthbachfall, über mehrere Stufen herabrauscht und bald in der Talmulde, der Fischunkel, versickert. Wahrlich, hier im hintersten Winkel, umschlossen von ungangbaren Felswänden, kann man wirklich meinen, die Welt sei zu Ende. Apropos Felswände – ungangbar? Nein! Es ist kaum zu glauben, aber durch die Walchhüttenwand südlich des Obersees führte früher ein Steig! Heute ist er fast unauffindbar, doch allein das Wissen, dass Senner und Holzknechte einmal in dieser scheinbar senkrechten Wand unterwegs waren, ringt einem großen Respekt ab. Und auch die beiden markierten Steige, die links des Röthbachfalls die Landtalwand und die Röthwand überwinden, sind gute Beispiele der Wegebaukunst. Nach ausgiebigem Schauen und Rasten heißt es wieder zurückkehren – zurück zum Obersee, nach Salet, zum Schiff, zum Dorf Königssee und schließlich wieder hinaus aus diesem merkwürdigen, einzigartigen Tal der zwei Seen, wo lautes Gedränge und stilles Schauen oftmals so nahe beieinanderliegen.

Die Fischunkelalm am Obersee

wurde. Wir passieren den links liegenden Mittersee mit seinen unzugänglichen morastigen Ufern und erreichen schon wenig später das Westufer des Obersees. Was für ein Anblick! Einige Reisende schilderten den Obersee in ihren Berichten als noch eindrucksvoller als den Königssee – er ist eben noch stiller, noch entlegener. Schließlich gelangen wir über den gut ausgebauten Steig, der südlich um den gesamten See herumführt, zur einsamen Fischunkelalm, die kurioserweise tiefer liegt als der Hof, zu dem sie gehört. Der Name »Fischunkel«, von den Einheimischen Fi-schúnkl ausgesprochen, hat wahrscheinlich nichts mit Fischen zu tun, sondern wurde in der Literatur verschiedentlich auf lateinische oder rätoromanische Ursprünge zurück-

KRAFT DER WORTE

»Dieses Thal ist die interessanteste Gegend des ganzen Ländchens für den Naturforscher und Naturfreund: denn aus einem wunderbaren Gemische der lieblichsten und schauerlichsten Formen und Gefilde – wo der Wanderer zwischen blumigen Wiesen und schattenden Haynen, zwischen heerdennährenden Alpen und unwirthlichen Klippen über Fluren und Fluthen, bald von der Ansicht des magischen Farbenspiels, der sanftesten und heitersten Gebilde und von den Anklängen und Resonanzen des fröhlichen Gejauchzes, Getönes und Geräusches der Hirten und Herden und der schäumenden Cascaden ergötzt, bald von ungeheuern und schrecklichen Gestalten und von dem

wilden Toben und Brausen der stürmischen Elemente geängstigt hinwallt; wo der Frühling und Sommer mit dem Winter in brüderlicher Eintracht wohnen; wo im frappantesten Contraste üppige Fülle der Triebkraft grüne Matten und bunte Blüthen-Teppiche neben grauser Verödung webt, laute Lebenspulse rings um das todtstille Reich der Verwesung pochen, und aus den Ruinen vergehender Gebilde neue, jugendliche Formen und Gefilde entstehen – schuf die Natur eine Gegend, welche der lebhaftesten Einbildungskraft genialische Dichtung von dem romantischen Bilde eines Feenlandes noch weit übertrifft.«
Franz Anton von Braune über das Königsseer Tal, 1821

2 Eisbachtal und Eiskapelle

Ein Spaziergang zum Fuß der Watzmann-Ostwand

2–2:30 Std. je 280 Hm

TOURENCHARAKTER
Einfache, kurze Wanderung in großartiger Umgebung. Bis zum Talkessel unterhalb der Watzmann-Ostwand unschwieriger, markierter Wanderweg, bis zur Eiskapelle mehrere kleinere Pfade.

ETAPPEN
St. Bartholomä, 604 m – Eisbachtal – Eiskapelle, ca. 880 m – Eisbachtal – St. Bartholomä

TALORT
Dorf Königssee, 604 m

AUSGANGSPUNKT
St. Bartholomä, 604 m

ANFAHRT
Mit Bus oder Auto zum Königssee, weiter mit dem Schiff nach St. Bartholomä

GEHZEITEN
St. Bartholomä – Eiskapelle 1–1:30 Std., zurück nach St. Bartholomä 1 Std.; insgesamt 2–2:30 Std.

HÖHENDIFFERENZ
bis zu ↕ 280 Hm

BESTE JAHRESZEIT
Frühjahr bis Herbst. Im Winter und zu Frühlingsbeginn oft Lawinengefahr!

EINKEHR
Gaststätte in St. Bartholomä, Tel.: 08652/ 96 49 37, www.sankt-bartholomae.de

KARTE
Umgebungskarte »Nationalpark Berchtesgaden« 1:25 000

BESONDERHEITEN
Einzigartige Naturschönheiten, die ohne große Mühe erreichbar sind: die gewaltige Watzmann-Ostwand, die eigenartige Eiskapelle und die wunderschöne Eisbachmündung am Königssee.

Kombinierbar mit Tour 1, 3, 17, 27 und mit weiteren

Als um die Wende vom 18. zum 19. Jahrhundert immer mehr Wissenschaftler, Gelehrte und Touristen zum Königssee kamen, steckte die Entwicklung des Bergsteigens noch in den Kinderschuhen. Auch wenn manche Gipfel bereits vor der Säkularisation der Berchtesgadener Fürstpropstei 1803 erstbestiegen wurden, beließen es die meisten Reisenden bei Schifffahrten über den Königssee und besahen sich die furchteinflößenden Felsmassive lieber von unten, anstatt sie zu erklimmen. Kein Wunder, bot doch allein die Bootsfahrt schon ein spektakuläres Amüsement: Mit dem Böller wurde ein bis zu siebenfaches Echo erzeugt, und immer wieder einmal gab es einen Holzsturz zu bestaunen, bei dem gewaltige Massen von Baumstämmen aus mehreren hundert Meter Höhe in den See stürzten – ein monströses Schauspiel, das seit den 1930er-Jahren Geschichte ist. *Eine* Wanderung aber stand bei jedem hoch im Kurs, der seinen Fuß auf die Halbinsel von St. Bartholomä setzte: die Wanderung durchs Eisbachtal bis zum Fuß der Watzmann-Ostwand.

Wanderung ins Eisbachtal Da anstelle des früher berüchtigten Steigs heute ein bequemer Wanderweg den See mit der Felswand verbindet und nur wenige Höhenmeter zu überwinden sind, gehört diese Route zu den meistfrequentierten des gesamten Nationalparks. Und dennoch sind bei geschickter Tourenplanung auch hier noch stille Stunden möglich: Bei Anfahrt mit dem ersten Schiff, vielleicht sogar an einem Wochentag in der Nebensaison, fallen möglicherweise die Erzählungen des Bootsführers aus, und die so heilsame Ruhe des Sees kann sich ausbreiten. Von St. Bartholomä aus geht es auf einem breiten Wanderweg durch Laubwald zum Eisbach, der bei der Kapelle St. Johann und Paul überquert wird. Wie zahlreiche alte Reiseberichte belegen, wurde das Wasser dieses Baches früher für besonders rein, hochwertig und heilkräftig gehalten. Kurz vor St. Jo-

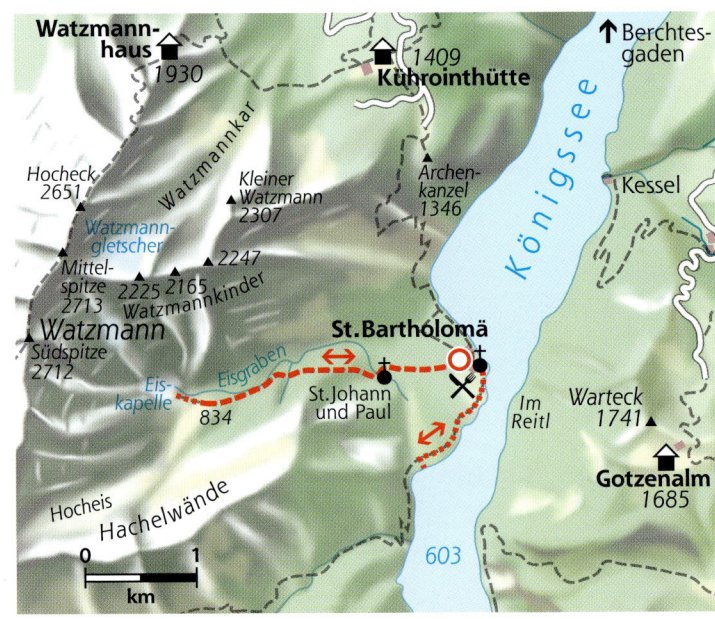

Die Watzmann-Ostwand, gesehen aus dem hinteren Eisbachtal

später etwas flacher bis in den gewaltigen Kessel, der durch die Hachelwände, die Watzmann-Ostwand und die Südabstürze der Watzmannkinder gebildet wird.

Wilde Landschaft am Fuß der Ostwand

Der Reisende Joseph August Schultes, der später die beiden nach ihm benannten Schultessteine aufstellen ließ, war von dieser Szenerie so beeindruckt, dass er 1804 schrieb: »Ich zweifle, ob es irgendwo in Europa einen so grausenvollen Winkel gibt, als dieses Amphitheater um die Eiscapelle.« Franz Anton von Braune erblickte im hinteren Eisbachtal gar »das schreckliche Chaos einer zerstörungsvollen Catastrophe des Erdballs«. Wem diese Aussicht aus sicherer Distanz nicht genügt, der erreicht auf Geröllpfaden nun eben diese Eiskapelle, ein sich ständig änderndes Eisgewölbe in einem Lawinenkegel am Fuß der Watzmann-Ostwand. Wie in einem Trichter sammeln sich nach Neuschneefällen und bei Tauwetter die herabstürzenden Schneemassen am Wandfuß und erzeugen das gletscherähnliche Eisgebilde, das im Laufe eines Sommers immer kleiner wird und von innen durch den Schmelzwasserbach ausgehöhlt

»Tempus fugit« – Auch St. Bartholomä kann stille Erlebnisse bieten.

An einem heißen Nachmittag im Mai

hann und Paul stehen am Rand des Bachbetts die zwei »Schultessteine«, die mit ihren kryptischen Inschriften über hundert Jahre lang den Heimatforschern ein Rätsel waren – erst in den 1940er-Jahren konnten die beiden Steine als Gedenksteine für zwei verstorbene junge Frauen identifiziert werden. Hinter der Kapelle – in deren Nähe noch eine zweite, kleinere Kapelle stand, bis sie in den 1870er-Jahren vom Hochwasser mitgerissen wurde – geht es zunächst in Serpentinen im Wald aufwärts und

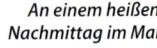

wird. Mehrfach stürzte die Eiskapelle komplett ein, worauf es oft Jahre und Jahrzehnte dauerte, bis sich die schöne Form der kapellenartigen Höhlung wieder herausbildete. Alexander von Humboldt war bereits 1797 hier und beschrieb den einzigartigen Ort. Vom Betreten der Höhle wird allerdings abgeraten, denn herabstürzende Eismassen haben schon Todesopfer gefordert.

Die berühmte Watzmann-Ostwand

Wer genau hinsieht, entdeckt Pfade, die nicht nur zur Eiskapelle, sondern an ihr vorbei steil hinaufführen. Das sind die Zustiegswege zur riesigen Bartholomäwand, der Watzmann-Ostwand, die etwa 1800 Meter hoch über dem hinteren Eisbachtal aufragt und von diesem Punkt aus in ihren Dimensionen gar nicht recht zu erfassen ist. Dutzende von Routen und Varianten wurden seit der Erstdurchsteigung im Jahre 1881 in dieser Wand eröffnet, doch nur die allerwenigsten davon sind regelmäßig das Ziel von Kletterern. Im Zusammenhang mit der Ostwand fallen immer wieder die gleichen Namen: Johann Grill (»Kederbacher«), der Erstdurchsteiger; Josef Aschauer, der Erstbegeher des Berchtesgadener Weges, des heutigen Normalweges; Heinz Zembsch, der »Hausmeister« der Ostwand mit mehr Begehungen, als ein Jahr Tage hat. Eher selten ist dagegen von der sensationellen Leistung des berühmten Hermann Buhl die Rede, der die Wand auf einer Route des V. Schwierigkeitsgrades durchkletterte, und zwar in einer Winternacht des Jahres 1953 – und das auch noch allein! Franz Rasp ist einigen Bergsteigern durch seine 294 Ostwanddurchsteigungen bekannt, weniger jedoch wegen seiner Soloklettereien: Drei der berühmten Ostwandrouten durchkletterte er als erster Winter-Alleingänger, aber auch an den erschreckend abweisenden Hachelwänden – vom Betrachter aus die linke Begrenzung des Talkessels – eröffnete er kühnste Routen ohne Seilpartner. Welches Gefühl muss das sein: Allein und unter Lebensgefahr eine so dunkle, brüchige Riesenwand zu durchklettern, nach Stunden schließlich auf den Gipfelgrat hinauszutreten und seine Euphorie mit keinem Menschen teilen zu können! Skitourengeher der schärferen Gangart steigen im Winter übrigens gern ins Hocheis im hintersten Eisbachtal hinauf, manche wagen sogar den Übergang von dort auf

TIPP

Sehr zu empfehlen ist auch ein Abstecher zur Mündung des Eisbachs, die früher in unmittelbarer Nähe von St. Bartholomä lag, schließlich aber künstlich nach Süden verlegt wurde, um die Halbinsel und die Schmalstelle des Sees vor den Schuttmassen aus der Watzmann-Ostwand zu schützen. Hierzu verfolgt man vom Kirchlein aus den Wanderweg, der in Richtung Schrainbach an der Uferlinie entlangführt. Dort, wo sich der Schuttstrom in den See ergießt, lässt es sich trefflich rasten: Die stille Südhälfte des Sees liegt vor einem, und der »Strand« lädt zu einem Bad ein – vielleicht auch nur zu einem Sonnenbad. Der Eisbach selbst versickert meist bereits ein Stück vor der Mündung und fließt dem Königssee unterirdisch zu. Nach Regenfällen oder während der Schneeschmelze kann er allerdings zu einem reißenden Bach anschwellen, der nicht mehr trockenen Fußes zu überqueren ist. Die unbändige Kraft des Eisbachs lässt sich vielleicht etwas besser erahnen, wenn man sich einmal vor Augen führt, dass das Wasserwirtschaftsamt Traunstein im Jahr 1973 die astronomische Summe von 600 000 DM ausgab, um die Halbinsel von St. Bartholomä für die nächsten Jahrzehnte vor Beschädigungen durch den Eisbach zu schützen!

den Hachelgrat – für Normalwanderer schlichtweg unvorstellbar.

Zurück zum See

Das entspannte Zurückschlendern in lieblichere Gefilde ist nach diesen schaurig-monströsen Bildern vielleicht noch etwas genussreicher als zuvor. Und wenn wir dann mit all den großartigen Eindrücken nach St. Bartholomä zurückkehren, können wir einmal mehr J. A. Schultes zitieren, der sich beim Anblick des Kirchleins mit den roten Türmen sicher war: »Ich wünschte mir keinen grösseren Pallast und keine schönere Lage, wenn ich der Kaiser aller Chineser wäre«!

3 Malerwinkel und Rabenwand

Zwei wunderschöne Aussichtspunkte am Königssee

1:30–2 Std.   je 200 Hm

TOURENCHARAKTER

Einfacher, sehr lohnender Aussichtsrundweg. Der Malerwinkelrundweg ist bestens ausgebaut und ohne jede Schwierigkeit zu begehen. Der Rabenwandsteig ist etwas alpiner und schroffer, jedoch ebenfalls unschwierig. Bei nassem Laub Rutschgefahr.

HÖCHSTER PUNKT

Aussichtspunkt am Fuß der Rabenwand, 790 m

TALORT/AUSGANGSPUNKT

Dorf Königssee, 604 m

ANFAHRT

Mit Bahn oder Auto nach Berchtesgaden, weiter mit Bus (diverse Linien) oder Auto bis zum großen Parkplatz am Königssee

GEHZEITEN

Parkplatz Königssee – Malerwinkel 0:30 Std., Rabenwand 0:40 Std., Parkplatz Königssee 0:40 Std.; insgesamt 1:30–2 Std.

HÖHENDIFFERENZ

Insgesamt etwa ↑↓ 200 Hm

BESTE JAHRESZEIT

Frühjahr und Herbst, vor allem vormittags und abends

EINKEHR

Diverse gastronomische Betriebe an der Seelände oder im Dorf Königssee

KARTE

Umgebungskarte »Nationalpark Berchtesgaden« 1:25 000 oder AV-Karte Bayerische Alpen BY 22 »Berchtesgaden/Untersberg« 1:25 000

BESONDERHEIT

Zwei lohnenswerte und unschwierig zu Fuß erreichbare Aussichtspunkte am Königssee

Kombinierbar mit Tour 1, 2, 9

Schnee und saftiges Grün:
Der Königssee im Frühling

Der Königssee ist schattig und tief in die umliegenden Berge eingebettet, immer mit der ihm eigenen charakteristischen Kühle und einem Überfluss an kaltem, klarem Wasser. So zeigt er sich zumindest dem Betrachter, der knapp über der Wasseroberfläche und inmitten von Bäumen im Malerwinkel steht und seinen Blick bis nach St. Bartholomä schweifen lässt. Dieser Ort ist einer der ganz wenigen am Königssee, die für jedermann zu Fuß erreichbar sind und eine schöne Aussicht bieten. Das wussten im 19. Jahrhundert schon zahlreiche Künstler, die die beliebte Gebirgsansicht mit dem Pinsel verewigten und dem Malerwinkel seinen Namen gaben. Ihre Werke sind heute noch vielerorts zu sehen. Der Bekanntheitsgrad und die leichte Erreichbarkeit des Malerwinkels sorgen natürlich dafür, dass hier oftmals nicht die Ruhe einkehrt, die so sehr zu diesem See gehört. In diesem Fall ist es geboten, einen geringfügig längeren Weg in Kauf zu nehmen und dem etwas ruhigeren Aussichtspunkt an der Rabenwand einen Besuch abzustatten.

Durch das Dorf Königssee Die Rundwanderung zum Malerwinkel und zur Rabenwand beginnt am großen Königssee-Parkplatz, der an manchen Wochenenden mit seinen Blechlawinen selbst schon fast eine Sehenswürdigkeit – allerdings von zweifelhafter Schönheit – ist. Da er schon 1929 erbaut wurde, bildet er mit seinen Belegungszahlen ein Stück deutscher

Motorisierungsgeschichte ab: Im Jahr 1955 parkten hier beispielsweise 72 Mal so viele Motorräder wie 1970! Auf dem Weg in Richtung Seelände gilt es nun zuallererst, den Trubel der im Jahr 2008 neu gebauten Seestraße mit ihren vielen Kitsch- und Souvenirläden zu verkraften. Wer nach der Reizflut aus volksdümmlich dudelnder Musik, Hundebekleidung und »Country-Feelings for Men« noch aufnahmefähig ist, wendet sich am Seeufer nach links und passiert auf der Uferstraße die im Wasser stehenden Bootshütten. In Richtung Malerwinkel führt die Straße ein paar Meter aufwärts und taucht dann unasphaltiert in den Wald ein; das auffällige Café (Villa Beust) bleibt rechts liegen. Der bestens ausgebaute breite Waldweg fällt nun wieder leicht ab und leitet in wenigen Minuten zum Aussichtspunkt am Malerwinkel, wo zwischen den Bäumen der Blick nach Süden über den See frei wird. Die Kapelle von St. Bartholomä ist in einer Entfernung von vier Kilometern gut auszumachen, und am Horizont ragt die Schönfeldspitze in markanter Pyramidenform auf.

Der Steig zur Rabenwand Der weitere Wegverlauf folgt zunächst dem Malerwinkelrundweg: Vom Malerwinkel geht es in mehreren großen Spitzkehren im Wald aufwärts und dann etwas flacher in nördlicher Richtung, bis bei einer Abzweigung auf 710 Meter Höhe ein Schild den Rabenwandsteig ankündigt. Hier rechts ab und auf dem nun schrofferen, aber nach wie vor unschwierigen und ungefährlichen Weg südlich und südöstlich bergauf. Zuletzt geht es über einige Stufen und mit Holzgeländer zum Aussichtspunkt, wo drei Rastbänke einladend bereitstehen. Erst hier wird plötzlich der Blick frei, und auch der Kenner staunt immer wieder ungläubig, wenn er nach dem gedankenverlorenen Unterwegssein im dunklen Wald schlagartig in der Sonne steht und wie aus einer Loge auf das herrliche Gewässer schaut. Ohne Zweifel gehört dieser Ort zu den herausragenden Aussichtspunkten des Berchtesgadener Landes, vor allem wenn man seine verhältnismäßig leichte Erreichbarkeit in Betracht zieht.

Königssee-Erinnerungen Es ist bei diesem faszinierenden Anblick schlicht unvorstellbar, dass der Königssee, als er im Jahre 1834 der gleichnamigen Gemeinde zum Kauf angeboten wurde, kein Interesse fand und notgedrungen beim Staat verblieb! Der Kommentar des Königsseer Gemeinderats damals: »Was tun wir mit dieser Lack.« Noch viele weitere Eigentümlichkeiten dieses Sees kann man sich ins Gedächtnis rufen, wenn man den Blick

Unweit vom Aussichtspunkt an der Rabenwand und mit diesem durch einen schmalen, ungepflegten Pfad verbunden, befindet sich der Königsbachfall. Je nach Jahreszeit und Wetterlage ändert er sein Aussehen: Nach längeren niederschlagsfreien Perioden im Herbst tröpfelt er als Rinnsal in den Königssee, nach mehrtägigem Regen schwillt er dagegen zu voller Größe an. Früher hatte der Königsbach auch forstwirtschaftliche Bedeutung: Er wurde mit Klausen aufgestaut, während unterhalb große Mengen geschlagenen Holzes im Bachbett aufgeschichtet wurden. Sobald die Klause geöffnet wurde, stürzte das aufgestaute Wasser mit solcher Kraft nach unten, dass das Holz mitgerissen wurde und schließlich über die steilen Felshänge des Königsbachfalls direkt zum Königssee hinabfiel. Holzstürze dieser Art wurden oft als Schauspiel für illustre Gäste veranstaltet. Aber auch heute noch ist der Königsbachfall – ob vom See aus betrachtet oder unmittelbar aus der Nähe – sehr sehenswert. Ungeübte bleiben jedoch besser auf den markierten Wegen und genießen seine Schönheit vom Schiff aus!

über seine glatte Fläche schweifen lässt. Etwa dass er von 1904 bis 2008 mehr als fünfzehn Mal im Winter so fest zufror, dass man zu Fuß nach St. Bartholomä gehen konnte. 1929 landete gar ein Flugzeug zweimal auf ihm. Oder auch, dass er aufgrund seines hohen Kalkgehalts die gruselige Eigenschaft hat, Wasserleichen innerhalb weniger Jahre zu versteinern. Schon mehrmals wurden Menschen, die Jahre zuvor freiwillig oder unfreiwillig in den dunklen Tiefen des Königssees geblieben waren, in statuenartiger Form geborgen.

Für Fotografen ist die Arbeit am Aussichtspunkt bei der Rabenwand nicht immer einfach, da bei der Perspektive in Richtung Süden die Sonne nie im Rücken steht, sondern oftmals ungünstig von vorne scheint und die Lichtverhältnisse schwierig gestaltet. Daher ist es am besten, früh am Vormittag zur Rabenwand zu gehen, wenn die Sonne noch niedrig steht und die Hänge westlich des Königssees kräftig zum Leuchten bringt. Ein tolles Fotomotiv sind auch die Schiffe, die je nach Jahres- und Tageszeit in regelmäßigen Abständen lautlos vorbeigleiten und schöne Wellenmuster erzeugen. Ganz lautlos sind sie allerdings doch nicht immer, denn wer genau hinhört, kann das Mikrofon des Bootsführers vernehmen und sogar einzelne Satzfetzen

verstehen! Auch das berühmte Flügelhornspiel, das bei der Brentenwand anschlägt und als ein- oder zweifaches Echo zurückgeworfen wird, kann bei günstigen Verhältnissen von der Rabenwand aus gehört werden. Wenn man sich irgendwann sattgesehen hat, wartet noch der kurze und unproblematische Rückweg ins Dorf Königssee. Zunächst geht es auf dem Rabenwandsteig zurück, bis er wieder in den Malerwinkelrundweg einmündet. Auf diesem nun rechts bergab, bald über einen Bach und in wenigen Minuten zur Talstation der Jennerbahn, wo vielleicht schon der Bus wartet und der Weg zum Parkplatz nicht mehr weit ist.

Beisammen sein, schauen, sich freuen: Im November an der Rabenwand

Dunkelheit kommt über den See, ein stiller Abend bricht an.

Der Königssee – heiter, verträumt, feierlich ernst?

4 Der Rauhe Kopf

Ein unscheinbarer Aussichtsberg über dem Berchtesgadener Tal

5 Std.   je 850 Hm

TOURENCHARAKTER
Mittelschwere Bergwanderung auf einen hervorragenden Aussichtsgipfel. Durchgehend markierter Weg, im oberen Teil alpiner Steig. Im felsigen Gipfelbereich Drahtseilsicherungen; Trittsicherheit und Schwindelfreiheit erforderlich.

GIPFEL
Rauher Kopf (Großer Rauhenkopf), 1604 m

TALORT
Bischofswiesen, 615 m

AUSGANGSPUNKT
Kastensteinerwand-Alm, 750 m

ANFAHRT
Mit Bahn oder Auto über Bad Reichenhall nach Bischofswiesen, mit dem Auto bis zur Kastensteinerwand-Alm

GEHZEITEN
Kastensteinerwand-Alm – Blaues Kastl 1 Std., Rauher Kopf 1:30 Std., Abstieg auf gleichem Weg 2 Std.; insgesamt 5 Std.

HÖHENDIFFERENZ
Insgesamt ↑↓ 850 Hm

BESTE JAHRESZEIT
Ganzjährig; im Winter Schneelage und Lawinengefahr beachten!

EINKEHR
Kastensteinerwand-Alm, 750 m. Privat, ganzjährig bewirtschaftet. Tel.: 08652/71 68, www.kastensteinerwand-alm.de

KARTE
AV-Karte Bayerische Alpen BY22 »Berchtesgaden/Untersberg« 1:25 000

Kombinierbar mit Tour 6, 7

Die südlichste Erhebung des Untersbergmassivs ist zugleich die nördlichste Gipfeltour dieses Buches: der Große Rauhenkopf – oder einfach auch der Rauhe Kopf –, eine unspektakuläre, wenig ausgeprägte Erhebung in einem langen Gratrücken, und doch auch ein Aussichtspunkt erster Güte. In Anspielung auf den Berchtesgadener Hochthron, den höchsten Untersberggipfel, könnte man ihn liebevoll als den »niedrigen Thron« bezeichnen – fürstliche Landschaftserlebnisse bietet er allemal. Obwohl der Berg die Autofahrer sehr nah an sich heranlässt und über markierte Steige bestiegen werden kann, zählt er zu den eher ruhigen Gestalten im Kranz der Berchtesgadener Berge. Es ist herrlich, ein, zwei Stunden dort oben zu verbringen und die reihum liegenden Bergmassive zu bewundern, am besten bei klarer Luft und schönem Morgen- oder Abendlicht. Und es müssen wohlgemerkt nicht immer drei Tage am Stück oder fünfstündige Aufstiege sein, die das besondere Erlebnis erst ermöglichen: Am Rauhen Kopf trennen nur 850 Höhenmeter den Parkplatz vom Gipfelkreuz.

Aufstieg zum Blauen Kastl Eine kurze und vom Wegverlauf her empfehlenswerte Aufstiegsroute beginnt oberhalb von Bischofswiesen bei der Kastensteinerwand-Alm, die über den steilen Kastensteinweg bequem erreicht wird und einige Parkmöglichkeiten bietet. Für den Aufstieg vom Bahnhof Bischofswiesen aus muss zusätzlich eine halbe Stunde Gehzeit eingeplant werden. Bei der Straßenverzweigung direkt vor der Kastensteinerwand-Alm führt ein Fahrweg vom kleinen Parkplatz östlich steil bergauf und schwenkt dann bald nach links (nördlich) um. Kurz darauf folgt der nächste Wegabzweig nach rechts, den man nicht übersehen darf. Nun geht es auf einem richtigen Fußweg weiter, der auf 1100 Meter Höhe wieder in einen Fahrweg mündet und unmittelbar darauf das »Blaue Kastl«, einen Bildstock, erreicht. Hier zweigt südöstlich der Pfad ab, der zur Gipfelregion hinaufführt.

Aufstieg zum Blauen Kastl

TIPP

Die beschriebene Wanderung lässt sich je nach persönlichen Vorlieben und Fähigkeiten variieren: Gebietskenner suchen sich gern einen verborgenen Aufstiegs-Durchschlupf auf den Kleinen Rauhenkopf, andere setzen die Wanderung vom Großen Rauhenkopf über den Grat zum Bannkopf fort (anspruchsvoller Pfad). Naturburschen genießen die Morgendämmerung am Gipfel, übernachten gleich ganz oben oder steigen im Winter hinauf. Wofür auch immer man sich entscheidet: Die eigenen Fähigkeiten gilt es immer richtig einzuschätzen, und auch die Ausrüstung will sorgfältig bedacht sein! Eines ist gewiss: Auch als »normale« Wanderung ist der Rauhe Kopf ein Berg, von dem die meisten begeistert zurückkehren.

Nach einer scharfen Linkskehre führt der Weg bald in alpines Gelände hinauf und überwindet einzelne felsige Geländestufen unschwierig. Mehrere schwächere Pfade gehen unterwegs seitlich ab; wir bleiben jedoch immer auf der markierten Route und wandern westlich unterhalb des Kleinen Rauhenkopfs vorbei. Manche Karten sind an dieser Stelle irreführend und verzeichnen einen rot markierten Steig, der nicht in den Sattel zwischen dem Kleinen und dem Großen Rauhenkopf hinauf, sondern unterhalb an beiden vorbeiführt. Entgegen dieser Angabe leitet der Steig aber über einen Steilaufschwung zwischen die beiden

Köpfe hinauf und hält sich ab hier immer nahe am Grat. Erst dort wird der Rauhe Kopf wirklich seinem Namen gerecht: Einzelne Sicherungen und Stufen helfen über Felsabsätze hinweg, und der Pfad verläuft stellenweise etwas ausgesetzt. Der höchste Punkt ist nun nicht mehr fern – ein umfassendes Panorama wartet! Hinab geht's wieder auf der bekannten Route.

Am Abend vor einer Biwaknacht unter freiem Himmel. Die Luft kühlte nachts auf minus 18 Grad ab.

5 Auf die Kneifelspitze

Einsame Pfade am beliebten Aussichtshügel

3:30 Std.   je 600 Hm

TOURENCHARAKTER

Auf der Aufstiegsroute und am Kneifelspitze-Rundweg breite, unschwierige Wege und Fahrstraßen, stellenweise steil. Ausnahme: das »Leiterl« am Rundweg, eine ausgesetzte, aber durch Drahtseile und gut gangbare Stufen entschärfte Steilstufe. Die beschriebenen Waldpfade sind unmarkiert, schmal und mitunter steil, jedoch meist gut sichtbar und nicht ausgesetzt. Vor allem bei Nässe ist aufgrund des vielen Laubs und der Wurzeln Vorsicht geboten: Rutsch- und Stolpergefahr!

GIPFEL

Kneifelspitze, 1189 m

TALORT/AUSGANGSPUNKT

Vordergern, 729 m

ANFAHRT

Mit dem Auto von Bischofswiesen oder Berchtesgaden nach Maria Gern. Von Berchtesgaden Bahnhof mit Bus 837 nach Maria Gern

GEHZEITEN

Maria Gern – Kneifelspitze 1:30 Std., Abstieg Ostseite und Stück auf Kneifelspitze-Rundweg 0:45 Std., Waldpfad und Abstieg zurück nach Maria Gern 1–1:30 Std.; insgesamt 3:30 Std.

HÖHENDIFFERENZ

Insgesamt rund ↑↓ 600 Hm

BESTE JAHRESZEIT

Frühjahr und Herbst

EINKEHR

Paulshütte auf dem Gipfel der Kneifelspitze, 1189 m. Privat, bew. von Anfang März bis Anfang November, in der Wintersaison nur am Wochenende. Geöffnet tägl. 9–18 Uhr, keine Übernachtungsmöglichkeit! Tel.: 08652/623 38

KARTE

AV-Karte Bayerische Alpen BY22 »Berchtesgaden/Untersberg« 1:25 000 (Hinweis: Der Pfad, der vom Gipfel der Kneifelspitze entsprechend der Tourenbeschreibung östlich hinunterführt, ist in seinem oberen Verlauf nicht in dieser Karte verzeichnet!)

BESONDERHEIT

Wallfahrtskirche Maria Gern in Vordergern

Kombinierbar mit Tour 6, 7

Der Aufstieg geht gscheid in die Wadl!

Die Kneifelspitze mit ihren bescheidenen 1189 Metern Höhe ist natürlich kein Berg vom Schlage eines Watzmanns, eines Gölls, eines Hochkalters. Man will sie auch gar nicht als Berg, sondern eher als Hügel gelten lassen. Und doch zählt die waldige Kuppe mit der sagenhaften Aussicht zu den hervorragenden Wanderzielen des Berchtesgadener Landes. Von der Terrasse des Gipfel-Gasthauses lassen sich alle neun Teilgebirge der Berchtesgadener Alpen bestaunen – und der Talkessel liegt einem zu Füßen. »Wen Gott lieb hat, den läßt er fallen in dieses Land«, ist dort oben auf einem Kreuz zu lesen – und es fällt schwer, sich einen passenderen Ort für das abgewandelte Ganghofer-Zitat vorzustellen.

Stille Pfade an der Kneifelspitze Da die Kneifelspitze von einem Netz aus markierten Wegen und Fahrstraßen überzogen ist, muss man sie sich verständlicherweise meist mit anderen Wanderern teilen. Die wenigsten wissen allerdings, dass es hier neben den offiziellen Wanderwegen noch eine Reihe unmarkierter Pfade gibt, die sich teils lieblich, teils spannend durch die Wälder schlängeln. Wer gerne auf eigene Faust durch die Landschaft streift und Gefallen an Naturschönheiten ohne besondere alpinistische Ansprüche findet, dem bietet sich an der Kneifelspitze die Möglichkeit einer kleinen, aber feinen Überschreitung. Die Tour überwindet – gemessen an der grandiosen Aussicht – vergleichsweise wenige Höhenmeter, lässt sich daher als Halbtagestour durchführen und eignet sich hervorragend zum Saisonauftakt oder als Ausklang im Herbst. Die Paulshütte am Gipfel lädt überdies zur Einkehr ein, und so ist die Kneifelspitze ein perfektes Ziel für Freunde des gemäßigten Wanderns. Gehring schrieb schon 1912 in seinem Ausflugsführer für Berchtesgaden: Auf einen Bergführer – der damals vier Mark gekostet hätte – kann man hier getrost verzichten!

Der Aufstieg beginnt mit einem berühmten Postkartenmotiv, dem Kirchlein Maria Gern in Vordergern. Gleich oberhalb der Kirche führt eine der steilsten Asphaltstraßen Deutschlands bergauf und in den Wald. Dort dann nicht geradeaus in Richtung Marxenhöhe, sondern nach links auf

der Straße weiter bis zum Lauchlehen. Wer nicht schon unten in Gern geparkt hat oder mit dem Bus gekommen ist, findet hier die letzte Parkmöglichkeit. Wie beschildert links über den Parkplatz, auf einem Wanderweg am Gehöft vorbei und bergauf. Schon wenig später mündet der Weg in einen größeren ein: Links geht es nun im Wald entlang einer größeren Wiese hinauf, bis der Weiterweg zur Kneifelspitze bei einer Verzweigung auf 1010 Meter Höhe nach rechts ausgeschildert ist. In vielen Serpentinen wandert man durch dichte Buchenwälder bergauf, die vor allem im Frühjahr und im Herbst farbenprächtig leuchten. Knapp unter dem Gipfel mündet der Wanderweg schließlich in eine steile Fahrstraße, über die in weiteren zehn Minuten das Gasthaus am höchsten Punkt erreicht wird.

Einmaliges Gipfelpanorama Nach dem größtenteils wenig aussichtsreichen Aufstieg im Wald ist das Erstaunen umso größer, wenn sich nun unvermittelt ein gewaltiges Panorama auftut: Links dominiert der gewaltige Hohe Göll, dahinter reihen sich die Gipfel der Gotzenberge und des Hagengebirges. Weit hinten schimmert die eisige Hochfläche des

Hochkönigs, rechts davon ist das Steinerne Meer mit der Schönfeldspitze als markantester Erhebung zu erkennen. Das Königsseetal erahnt man als tiefe Einfurchung rechts der Gotzenberge. Schließlich der unumschränkte Mittelpunkt des Berchtesgadener Landes: der Watzmann mit Frau und Kindern. Rechts davon schließen sich noch der ebenso wilde Hochkalter, die Reiter Alm und das Lattengebirge an, während man sich schon weit nach rechts drehen muss, um zuletzt auch noch

Das Wallfahrts-kirchlein Maria Gern

Frühling an der Kneifelspitze

Die Paulshütte am Gipfel der Kneifelspitze

den Untersberg im Blickfeld zu haben. Zusammen ergibt das eine Gebirgswelt, die in allen Einzelheiten kennenzulernen ein Leben wohl nicht ausreicht!

Waldpfade im Abstieg Wer sich an diesem einmaligen Panorama sattgesehen hat und

Lust auf einsamere Pfade hat, schlendert zunächst in wenigen Minuten hinüber zum »Salzburgblick«, wo es sich ebenfalls angenehm verweilen lässt. Gleich nordöstlich unterhalb der Rastbänke taucht ein unmarkierter Pfad in den Wald ein. Über ihn geht es – teils etwas steil, aber nie ausgesetzt – auf dem

Der Berchtesgadener Talkessel spätabends

44

Ostrücken der Kneifelspitze oder knapp rechts (südlich) unterhalb abwechslungsreich nach unten. Aufgrund der vielen Wurzeln und des Laubs ist hier Trittsicherheit erforderlich und bei Nässe Vorsicht geboten! Nach 150 Höhenmetern Abstieg trifft man bei einem großen Kruzifix auf den breiten und markierten Kneifelspitze-Rundweg, auf dem man sich nach links (nördlich) wendet und sofort von einer ausgesetzten, aber mit Drahtseilen und Stufen entschärften Steilstufe, dem »Leiterl«, überrascht wird. Anschließend führt der Weg, der bald zur Forststraße wird, ohne jede Schwierigkeit leicht absteigend um die Nordflanke der Kneifelspitze herum. Wer nun nicht gleich nach Hintergern hinunterwandern, sondern noch einen zweiten interessanten Pfad mitnehmen möchte, hält jetzt die Augen offen: Genau in einer 90-Grad-Rechtskurve, kurz nachdem man nördlich unterhalb des höchsten Punktes der Kneifelspitze vorbeigewandert ist – ein Blick in die Karte hilft hier – und noch bevor ein Schild zum direkten Abstieg nach Maria Gern weist, zweigt nach links (südlich) in den Wald hinauf ein schwach erkennbarer Pfad ab. Auf diesem geht es nun noch einmal gut hundert Höhenmeter hinauf zum Sattel zwischen Kneifelspitze und Brauner Wand, bis dann über ein letztes, sehr schönes Wegstück linkshaltend und leicht absteigend wieder die Wegkreuzung (1010 m) vom Aufstieg erreicht wird. Die von hier an schon vom Aufstieg bekannte Route führt zurück nach Vordergern.

Der Hohe Göll im Winterkleid

6 Lockstein, Kälberstein, Baderlehenkopf

Eine Überschreitung der drei Berchtesgadener Hügel

3:30 Std.   je 330 Hm

TOURENCHARAKTER

Wanderung ohne alpinen Charakter durch den Markt Berchtesgaden und die benachbarte Hügellandschaft. Durchwegs asphaltierte Straßen oder unschwierige Waldwege. Der kurze Abstecher zum höchsten Punkt des Baderlehenkopfs erfolgt weglos im Wald.

EINZELZIELE

Lockstein, 687 m; Kälberstein, 786 m; Baderlehenkopf, 756 m

TALORT

Berchtesgaden, 571 m

AUSGANGSPUNKT

Bahnhof Berchtesgaden. Die Wanderung kann auch weiter oben in Berchtesgaden begonnen werden.

ANFAHRT

Mit Bahn oder Auto nach Berchtesgaden, Parkplätze südlich vom Bahnhof

GEHZEITEN

Bahnhof Berchtesgaden – Marktplatz – Krankenhaus – Lockstein gut 1 Std., Kälberstein 1 Std., Baderlehenkopf 0:30 Std., zurück zum Bahnhof 1 Std.; insgesamt rund 3:30 Std.

HÖHENDIFFERENZ

Insgesamt etwa ↑↓ 330 Hm

BESTE JAHRESZEIT

je nach Wetter und Schneelage ganzjährig

EINKEHR

Café Lockstein auf dem Lockstein. Ganzjährig geöffnet, täglich 13.30–18.00 Uhr, Mi Ruhetag. Tel.: 08652/21 22; Berggasthof Oberkälberstein am Südhang des Kälbersteins. Ganzjährig geöffnet, Di Ruhetag, Wildgehege. Tel.: 08652/45 39, www.oberkaelberstein.de; Aschauerweiherbad, Mitte Mai bis Mitte September geöffnet, Tel.: während der Badesaison: 08652/33 66

KARTE

AV-Karte Bayerische Alpen BY22 »Berchtesgaden/Untersberg« 1:25 000

BESONDERHEITEN

Die Tour eignet sich gut für Kinder, da der Wegverlauf sehr abwechslungsreich ist und keine längeren Aufstiege oder eintönigen Passagen beinhaltet.

Kombinierbar mit Tour 1, 4, 5, 7

Die Wanderliteratur über Berchtesgaden und seine Berge ist überaus reichhaltig. Im Rampenlicht stehen dabei – wie sollte es anders sein – die großen, berühmten Berggestalten und die bekannten kleineren Wanderziele wie die Kneifelspitze (Tour 5). Nur selten erwähnt werden dagegen die drei Hügel, die direkt vor der Haustür Berchtesgadens aufragen und zu kurzen, reizvollen Spaziergängen einladen. Immerhin überragen sie das Tal der Berchtesgadener Ache um bis zu 250 Höhenmeter! In einer einfachen, sehr abwechslungsreichen und daher auch für Kinder empfehlenswerten Überschreitung kann man allen dreien einen Besuch abstatten.

Auf den Lockstein Beginnend am Bahnhof Berchtesgaden, überqueren wir auf der Fußgängerbrücke die Gleise, steigen zum malerischen Ortskern mit Marktplatz und Schlossplatz hinauf und biegen dann ins Nonntal ein, dem ältesten Straßenzug Berchtesgadens. Unser erstes Ziel, der Lockstein, ragt links steil auf. Felsstürze aus seinen Wänden haben schon mehrmals Häuser des Nonntals verwüstet. Bei einer Straßengabelung nach wenigen hundert Metern halten wir uns links und wandern die Locksteinstraße hinauf. Hier dürfen wir nicht vergessen, uns von Zeit zu Zeit umzudrehen und eine der schönsten Berchtesgadener Ansichten mit den charakteristischen Spitztürmen der Stiftskirche und dem dahinter liegenden Watzmann zu bewundern, am besten im Morgenlicht. Die Straße wendet sich dann scharf nach links in Richtung Kreiskrankenhaus, wo wiederum links ein bezeichneter Weg zum Lockstein abzweigt. Auf diesem

wandern wir in den Wald und zuletzt auf einer Asphaltstraße bis zum Café am höchsten Punkt, der herrliche Tiefblicke auf den Markt Berchtesgaden bietet.

Zum Kälberstein Über die Straße geht es nun wieder hinunter, bis sie in den Doktorberg einmündet. Diese bekannte Berchtesgadener Straße hieß von 1936 bis 1945 Toni-Kurz-Straße in Erinnerung an den berühmten, in der Eiger-Nordwand umgekommenen Berchtesgadener Extrembergsteiger. Wir spazieren rechts den Doktorberg hinauf, steigen gegenüber von Haus Nr. 32 links auf einem Wanderweg im Wald steil aufwärts und folgen der Beschilderung »Berggasthof Oberkälberstein«. Bald kommt wieder eine Asphaltstraße, auf der wir in westlicher Richtung wandern, bis es rechts zum Berggasthof hinaufgeht. Am Wildgehege vorbei und zuletzt auf Waldwegen erreichen wir von Westen her den Gipfel des Kälbersteins mit den Skisprungschanzen und einer kleinen Kapelle.

Zum Schluss der Baderlehenkopf Auf der Asphaltstraße an den Schanzen vorbei hinab und kurz, bevor die Straße unter der Skisprin-

ger-Auslaufzone hindurchführt, links auf einem unbezeichneten Fahrweg in den Wald und bei einer Forststraßenkreuzung geradeaus weiter. Nach einer Rechtskurve führt der Weg nun über die Kuppe des Baderlehenkopfs, dessen bewaldeter und unspektakulärer höchster Punkt links in wenigen Minuten weglos erreicht werden kann. Verfolgt man den Forstweg weiter, kommt man am nordwestlichen Fuß des Hügels in der Nähe des Hochgartdörfls im Berchtesgadener Ortsteil Anzenbach heraus. Je nach Lust und Laune wandern wir nun rechts auf breiten Waldwegen auf der Nordseite des Baderlehenkopfs und des Kälbersteins wieder zurück nach Berchtesgaden oder machen noch einen kurzen Abstecher zum Aschauerweiherbad.

Berchtesgaden und der Watzmann vom Lockstein aus

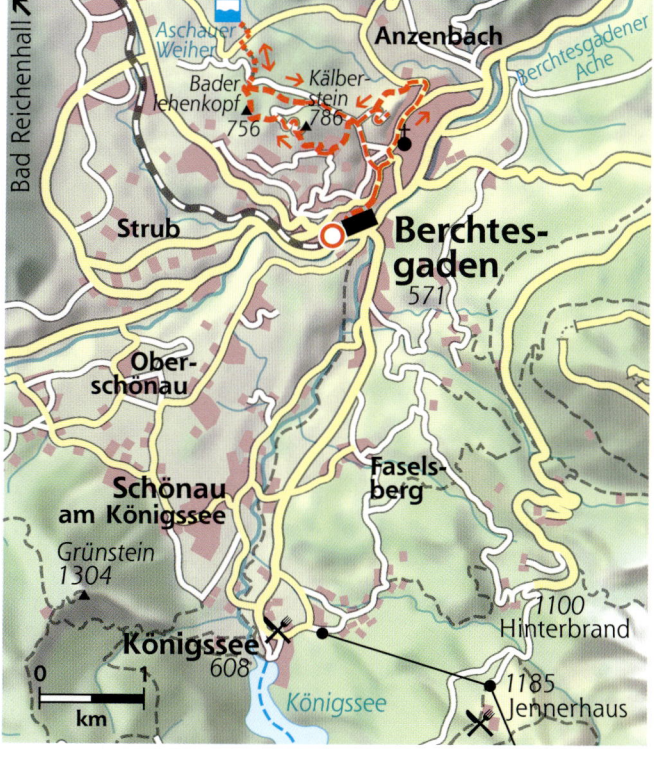

7 Weitwandern im Berchtesgadener Tal

An einem Tag von der Almbachklamm bis in die Ramsau

8–11 Std.   1250 Hm/900 Hm

TOURENCHARAKTER

Sehr lange, aber unschwierige Wanderung. In der Almbachklamm schmale Wege, Drahtseilsicherungen. Der gesamte Rest der Tour findet auf breiten Wanderwegen oder Straßen statt. Die Länge der Wanderung (gut 30 Kilometer) erfordert bequemes Schuhwerk und gute Kondition.

ETAPPEN

Almbachklamm, 495 m – Hintergern, 820 m – Bischofswiesen, 600 m –Söldenköpfl, 951 m – Toter Mann, 1391 m – Soleleitungsweg, 920 m – Kaltbachlehen, 890 m

GIPFEL

Toter Mann, 1391 m

TALORTE

Vordergern, 729 m; Bischofswiesen, 610 m

AUSGANGSPUNKT

Gasthaus Kugelmühle

ANFAHRT

Bahn nach Salzburg oder Berchtesgaden, Bus bis Kugelmühle/Almbachklamm. Mit dem Auto: B 305 bis Gasthaus Kugelmühle.

GEHZEITEN

Kugelmühle – Almbachklamm – Hintergern 2 Std., Vordergern – Klammweg 0:45 Std., Maximilians-Reitweg – Bischofswiesen 1 Std., Böcklweiher 0:45 Std., Strub – Gasthaus Söldenköpfl 2 Std., Toter Mann 1 Std., Gerstreit 0:45 Std., Soleleitungsweg – Zipfhäusl – Kaltbachlehen 1:30 Std.; insgesamt 8–11 Std.

HÖHENDIFFERENZ

Insgesamt ↑1250 Hm ↓900 Hm

BESTE JAHRESZEIT

Frühjahr und Herbst. Almbachklamm im Winter nicht zugänglich, ansonsten auch ganzjährig machbar.

EINKEHR

Gasthäuser in Gern und Bischofswiesen; Berggaststätte Söldenköpfl, 951 m. Privat, bew. von Mitte Dezember bis Ende Oktober, tägl. von 8–18 Uhr, Freitag Ruhetag. Tel.: 08652/23 83, www.soeldenkoepfl.de. Gasthaus Gerstreit, Gasthaus Zipfhäusl

KARTE

AV-Karte Bayerische Alpen BY22 »Berchtesgaden/Untersberg« 1:25 000

Kombinierbar mit Tour 4, 5, 6

Wie wäre es, einmal das schroffe Hochgebirge so stehen zu lassen, wie es ist, und stattdessen stundenlang zu wandern, ohne auf Schwierigkeiten und Gipfel achten zu müssen? Ganz unbeschwert mit wenig Gepäck unterwegs zu sein, abwechslungsreiche Gegenden mit Schluchten, Dörfern, Wäldern, Höhenwegen zu durchstreifen und schließlich einen mittelgroßen Hügel zu besteigen? Ja, man könnte sich einmal Zeit nehmen für eine etwas ungewöhnliche Tal- und zugleich auch Höhenwanderung, vor allem dann, wenn in alpineren Lagen winterliche Verhältnisse herrschen. Es liegt eigentlich auf der Hand und wird doch selten gemacht: »Berchtesgadener Weitwandern« fast durch das gesamte Tal, von der Almbachklamm bei Marktschellenberg über Gern, Bischofswiesen und den Toten Mann bis in die Ramsau.

Von der Almbachklamm nach Hintergern Wenn wir mit dem Bus anreisen, tun wir die ersten von vielen tausend Schritten an der Haltestelle Kugelmühle oder Almbachklamm und spazieren dann zum Eingang der Schlucht. Die vielbeschriebene letzte Kugelmühle Deutschlands schleift hier ihre schönen steinernen Spielzeugschusser – aber welches Kind kennt dieses Wort eigentlich noch? Auf schmalen Pfaden, Treppen und Brücken steigen wir durch die Klamm, schleichen vorsichtig an überhängenden Wänden vorbei und passieren einmal sogar einen kleinen Tunnel, während unten der Bach gurgelt. Die Schlucht öffnet sich immer mehr, wird lichter, gemütlicher, und mehrmals weisen Schilder rechts nach Ettenberg hinauf. Wir bleiben jedoch bis zur Theresienklause im Talgrund, die früher als Wehr für die Holztrift diente. Nun folgen wir dem Waldweg, der noch vor der Klause links in Richtung Hintergern hinaufzieht. Bei mehreren Wegkreuzungen – die erste auf 815 m Höhe – haben wir freie Routenwahl und können beispielsweise linkshaltend dem beschilderten »kür-

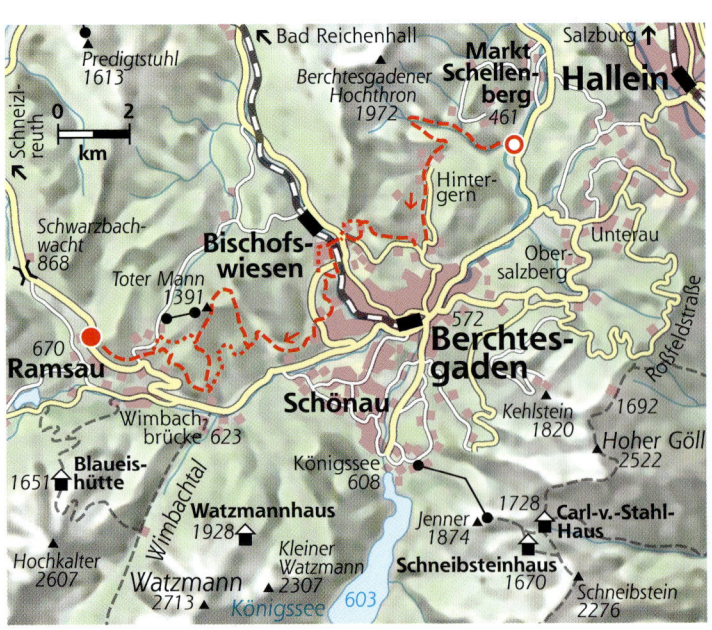

In der
Almbachklamm

zesten Weg« folgen und über den Bichl- oder Almbachweg ins sonnendurchflutete Gerner Hochtal hineinspazieren.

Gerner Klammweg und Maximiliansreitweg Auf oder neben der Straße geht es nun am Bachgütl vorbei talauswärts. Bald lässt sich die Hauptstraße rechts auf einer parallel verlaufenden Nebenstraße umgehen. Das Wallfahrtskirchlein Maria Gern lädt zu einer besinnlichen Rast ein, danach folgt mit der Gerner Klamm ein weiterer schöner Bachlauf. Der unschwierige Klammweg mündet beim Ortsteil »Am Etzerschlößl« wieder in die Hauptstraße, die man bis zu einer großen Straßenverzweigung, dem »Glückauf«, nach unten verfolgt. Rechts geht es nun ein kurzes Stück die Aschauerweiherstraße entlang, abermals rechts den Rabensteinweg hinauf und gleich wieder links auf den Maximiliansreitweg. Genussvoll wandern wir nun auf diesem herrlichen Weg am Waldrand entlang und betrachten die Gestalten von Watzmann und Hochkalter durch den Blättervorhang der Bäume. Beim Aschauhof oder auch erst ein Stück weiter verlassen wir die königliche Promenade und spazieren links (südlich) wieder zur Aschauerweiherstraße hinab, die uns ins Dorfzentrum von Bischofswiesen bringt.

Durch Bischofswiesen und die Strub Wir überqueren die Gleise, halten uns links und entscheiden uns dann zwischen dem Tristramweg (parallel zu den Gleisen, im Wald) und der rechts weiterführenden Alternativroute über die Steingasse und den Wassererweg. Das dritte schöne Gewässer ist dann der Böcklweiher, der sich gut für ein Päuschen eignet. Kurz zuvor besteht im gleichnamigen Ortsteil eine Einkaufsgelegenheit. Vom Weiher aus wandern wir in südlicher Richtung durch die Strub, wo schon erste Wanderschilder auf das nächste Ziel, das Söldenköpfl und den Toten Mann, hinweisen. Bei der Tankstelle überqueren wir die B 20, gehen nach rechts ein Stück die Straße entlang und biegen dann links in den Krennweg ein, der an einigen Höfen vorbeiführt und bald zum schmalen Pfad wird. Mit Seitenblicken auf die Gebirgsjägerkaserne geht es dann steil bergauf und am eingezäunten Bogensberglehen entlang, dem herrschaftlichen Prachtgut des Unternehmers und Mäzens Bruno H. Schubert. Kurz darauf dürfen wir nicht einen Fahrweg nach rechts oben verfolgen, sondern steigen in einer Linkskehre kurz ab, bis wir dann auf einer asphaltierten ebenen Straße nach rechts (westlich) weitergehen.

Waldspaziergang auf dem Maximiliansreitweg

Söldenköpfl und Toter Mann heißen die nächsten Ziele, zu denen uns die gute Beschilderung rechts durch den Klinggraben den Weg weist. Bis zur Berggaststätte ist es jetzt noch ein kurvenreiches Stück unangenehmen Aufstiegs, der nach der bereits absolvierten Strecke nicht ganz leicht fällt – doch irgendwo müssen die Höhenmeter ja herkommen, die uns im Anschluss eine so hervorragende Aussicht ermöglichen! Wer an der Berggaststätte immer noch genügend Energie hat und einen Gipfel besteigen möchte, geht nun die letzten 450 Höhenmeter zum Toten Mann an. Wer es gemütlicher mag, schlendert zum Soleleitungsweg und darf sich darüber freuen, heute keinen nennenswerten Aufstieg mehr bewältigen zu müssen. Der Weg zum Toten Mann führt ohne Hindernisse gleichmäßig auf dem Südostrücken des Bergs nach oben und mündet in die flache Gipfelkuppe, wo die winzige Bezoldhütte und einige Rastbänke stehen. Ein Wort zum Namen des Bergs: Es wurde geschrieben, dass der Begriff »Toter Mann« auf die Bergmannssprache zurückgeht und anzeigt, dass man an diesem Berg vergeblich nach Bodenschätzen geschürft hat. Doch ist auch eine Sage überliefert, nach der hier ein Ramsauer Wandersmann im winterlichen Schneesturm den Tod fand.

Der Soleleitungsweg zum Ausklang Der Abstieg verläuft auf der breiten Fahrstraße in südlicher Richtung. Bei der Verzweigung am Hirscheck wandern wir nun links wie ausgeschildert in Richtung Gerstreit und Soleleitungsweg hinunter; der Abstieg nach rechts zum Schwarzeck ist eine kürzere Alternative.

Am Gasthaus Gerstreit erreichen wir wieder den Soleleitungsweg und damit den krönenden Schlussteil dieser langen Wanderung. Die Sole, die im Berchtesgadener Salzbergwerk gefördert und zum Söldenköpfl hinaufgepumpt wurde, floss auf dieser Route bis nach Reichenhall, wo Salz aus ihr gewonnen wurde. Auf diesem herrlichen, immer leicht abfallenden Höhenweg, der mitunter auch etwas übertrieben als »Balkon Gottes« bezeichnet wird, spazieren wir aussichtsreich und bequem oberhalb des Ramsauer Tals. Wer mag, kann beim Gasthaus Zipfhäusl schon die Wanderung beenden und einkehren oder auf den Bus warten. Es lohnt sich jedoch, das allerletzte, sehr schöne Stück auf dem Soleleitungsweg bis zum Kaltbachlehen noch dranzuhängen. Ein großer Tag ist vergangen, andere Berge sind ins Blickfeld gerückt – wir haben ein ganzes Tal durchwandert!

Das Kaleidoskop des Herbstes: Berge, Licht, bunte Blätter …

8 Der alpine Steig am Zinkenkopf
Ein wenig bekannter Pfad abseits des Rummels

1:30 Std.   je 180 Hm

TOURENCHARAKTER
Sehr kurze Vorgebirgstour. Zu Beginn Forststraßen, dann markierter, aber stellenweise
steiler und alpiner Steig hinauf zum Gipfel
des Zinkenkopfs. Der Abstieg über die Seilbahn-Bergstation erfolgt wieder über Fahrwege und ist völlig unschwierig.

GIPFEL
Zinkenkopf, 1336 m

TALORT
Unterau, 728 m

AUSGANGSPUNKT
Parkplatz an der Roßfeld-Höhenringstraße
unterhalb der Mautstelle Nord, ca. 1165 m

ANFAHRT
Von Berchtesgaden auf der B 305 und B 319
nach Unterau, weiter in Richtung Roßfeld-
straße. Von Berchtesgaden Bahnhof mit Bus
848 in Richtung Roßfeld, Haltestelle Mautstelle Nord

GEHZEITEN
Parkplatz – Zinkenkopf 0:45 Std., Abstieg
0:45 Std.; insgesamt ca. 1:30 Std.

HÖHENDIFFERENZ
Insgesamt ↕ 180 Hm

BESTE JAHRESZEIT
Frühjahr und Herbst

EINKEHR
Zinkenstüberl unweit vom Gipfel des Zinkenkopfs, ganzjährig geöffnet, Tel.:
0043/650 741 51 95, www.zinkenstueberl.at

KARTE
AV-Karte Bayerische Alpen BY22 »Berchtes-
gaden/Untersberg« 1:25 000 (Hinweis: In
nahezu allen anderen Karten ist der Wegverlauf dieser Tour nur lückenhaft oder gar
nicht verzeichnet!)

Das Ziel dieses Tourentipps kann man von deutscher Seite nicht gerade
als touristischen Brennpunkt bezeichnen: Erstens sind sich die Wander-
karten nicht einmal über seinen Namen einig (Zinkenkopf, Zinken-
kogel, Großer Zinken, Zinken), und zweitens befinden sich unweit von
ihm viel bekanntere und häufiger besuchte Bergziele. Eine Seilbahn gibt
es zwar, doch die kommt von Bad Dürrnberg, der österreichischen Seite
also, herauf.

Soweit, so gut, und auch nicht ungewöhnlich für einen recht unspekta-
kulären, nur gut 1300 Meter hohen Waldhügel. Das eigentliche Geheimnis bleibt, warum der schon seit langem existierende alpine Steig auf
seiner Südwestseite in den meisten Karten nicht verzeichnet ist. Da man
annehmen kann, dass mit dem Fehlen im Kartenwerk auch ein geringer
Bekanntheitsgrad einhergeht, eignet sich der Zinkenkopf besonders
gut, wenn man Lust auf einen kleinen, ruhigen Aufstieg verspürt und anschließend gemütlich einkehren möchte – das Zinkenstüberl auf der
österreichischen Gipfelseite macht's möglich.

Die Tour beginnt am Parkplatz unterhalb der Mautstelle Nord der Roß-
feldstraße. Eine Forststraße führt uns zunächst eben in Richtung Nordwesten hinüber, bis nach wenigen Minuten eine Verzweigung mit Wan-
derschildern kommt. Hier folgen wir nicht dem Wegweiser nach rechts
zum Zinkenstüberl, sondern wandern geradeaus in Richtung Sattel-
Gmerk und Neuhäusl weiter. Bald darauf kommt wieder eine Verzweigung, bei der wir rechts abbiegen (»Alpiner Steig zum Zinken«) und endlich ein paar Höhenmeter unter die Stiefel bekommen. Nachdem die
Forststraße auf die Südwestseite des Zinkenkopfs gequert ist, zweigt im
Wald rechts ein rot markierter Steig ab, der sogleich sehr steil nach oben
führt. Mit einem Mindestmaß an Trittsicherheit ist die Begehung des

Steigs kein Problem, doch muss klar gesagt werden, dass es sich eben nicht um einen gemäßigten, ohne passendes Schuhwerk begehbaren Spazierweg handelt. Weiter oben nimmt die Steilheit des Steigs ab, dafür aber die landschaftliche Schönheit zu: Über den sanften Südwestrücken geht es nun reizvoll im Wald dahin – das ist genussvolles Unterwegssein in den Vorbergen!

Bayerisch-österreichisches Gipfelerlebnis
Leider währt das Vergnügen nicht lang, bald ist der Gipfel erreicht. Etwas unterhalb bietet eine Rastbank schöne Blicke nach Berchtesgaden, während am höchsten Punkt die Sicht etwas durch den Wald versperrt ist. Sehr lohnende Aussichten ergeben sich dann aber gleich noch einmal: Vom Gipfel auf deutschem Gebiet schlendern wir die wenigen Meter hinüber zur österreichischen Seilbahn-Bergstation, wo sich ein weiter Blick ins Salzachtal auftut. Es ist schon merkwürdig, wie nahe die Stille und der Touristenrummel beieinander liegen können: Dort noch der alpine Steig, hier der Gebäudekomplex mit allen unliebsamen Begleiterscheinungen des Skitourismus. Andererseits gibt es eben auch die Vorteile der Infrastruktur: Das Zinkenstüberl lädt zur Einkehr und gibt einen vielleicht erst viel später wieder frei.

Wer nun nicht mehr auf demselben Weg zurückgehen möchte, kann von der Bergstation auch auf einer Forststraße absteigen, die wie der alpine Steig in südwestlicher Richtung – nur etwas östlich versetzt – zur ersten in der Aufstiegsbeschreibung erwähnten Wegverzweigung hinunterführt. Wenige Minuten später ist der Parkplatz wieder erreicht.

Das Berchtesgadener Tal, dahinter Hochkalter und Reiter Alm

Gipfelrast auf dem Zinkenkopf

9 Der Hintere Brandkopf

Chancen und Risiken eines 10-Minuten-Hügels

2:30 Std. je 420 Hm

TOURENCHARAKTER
Gut gangbare Wanderwege ohne besondere Schwierigkeiten. Festes Schuhwerk ist anzuraten.

GIPFEL
Hinterer Brandkopf, 1156 m

TALORT/AUSGANGSPUNKT
Dorf Königssee, 740 m

ANFAHRT
Mit Bus oder Auto von Berchtesgaden in Richtung Königssee, zuletzt über den Ortsteil Schwöb oder vom unteren Dorf Königssee her kommend zu den höchstgelegenen Höfen des Dorfes Königssee (Holz, Kreßgraben). Die nächstgelegene Bushaltestelle ist die Jennerbahn, von dort 20 Minuten zu Fuß bis zum Ausgangspunkt. Alternativ kann auch mit dem Auto von Berchtesgaden über den Obersalzberg und die Dürreckstraße oder über den Ortsteil Faselsberg zum Berggasthof Vorderbrand und zum Parkplatz Hinterbrand aufgefahren werden, von wo es nur 10–15 Minuten bis zum Brandkopf sind. Der Parkplatz Hinterbrand ist auch mit dem Bus 838 ab Berchtesgaden erreichbar.

GEHZEITEN
Abzweigung Kreßgraben – Hinterer Brandkopf 1:30 Std., Abstieg auf gleicher Route 1 Std.; insgesamt 2:30 Std.

HÖHENDIFFERENZ
Insgesamt ↑↓ 420 Hm

BESTE JAHRESZEIT
Frühjahr bis Herbst, je nach Schneelage unter Umständen auch im Winter

EINKEHR
Berggasthof Vorderbrand, 1070 m, Tel.: 08652/20 59, www.berchtesgaden.com/vorderbrand

KARTE
Umgebungskarte »Nationalpark Berchtesgaden« 1:25 000 oder AV-Karte Bayerische Alpen BY22 »Berchtesgaden/Untersberg« 1:25 000

BESONDERHEIT
Der Parkplatz Hinterbrand mit Busverbindung ist nur wenige Minuten vom Gipfel entfernt.

Kombinierbar mit Tour 1, 3, 11

Mit diesem Tourentipp ist es so eine Sache. Da ist von vergessenen Pfaden die Rede, und ich präsentiere hier einen Waldhügel, der keine zwei Steinwürfe vom Parkplatz Hinterbrand mit seinen Blechlawinen entfernt ist. Wie passt das zusammen? Lesen Sie weiter! Die »Chancen und Risiken« des Brandkopfs habe ich bei einigen Touren anschaulich erleben dürfen. Da waren die Momente des Trubels, als sich gut dreißig Touristen wie ein Tatzelwurm den Wanderweg heraufschoben. Da waren die Gipfelmomente, die man sich ohne besondere Hektik und ohne Lärm mit vier, fünf anderen Besuchern teilt. Und dann waren da die stillen Abende, Nächte und Morgenstimmungen, die ich völlig ungestört in einer großartigen Umgebung genießen konnte. Sicherlich kann man vom hochgelegenen Parkplatz aus einfach in ein paar Minuten auf den Brandkopf wandern. Erlebnisreicher ist jedoch der hier beschriebene Aufstieg aus dem Tal.

Wanderung zum Genießen Im obersten Teil des Dorfes Königssee parken wir an geeigneter Stelle das Auto oder sind schon zu Fuß von der Bushaltestelle Jennerbahn heraufgekommen. Die Kreßgrabenstraße aufwärts gehend, passieren wir eine kleine Kapelle und das »Haus am Brandkopf« mit der Nr. 12 und wandern dann in den Wald hinauf. Der markierte Wanderweg schwenkt bald in südöstliche Richtung um und führt uns parallel zum Krautkasergraben aufwärts. Nach gut einem Drittel des Aufstiegs ist ein kurzer Abstecher zum Bach möglich, anschließend geht es etwas steiler an den überraschend prallen südseitigen Felswänden des Brandkopfs vorbei. Im obersten Teil des Anstiegs kommen wir entweder am Wegende bei einer asphaltierten Straße heraus – in diesem Fall halten wir uns links und biegen beim Schild mit der Aufschrift »Alpengastwirtschaft Vorderbrand« gleich wieder links in die Wiese ein, die uns zum Schlussanstieg hinaufführt – oder haben schon etwas unterhalb im Wald

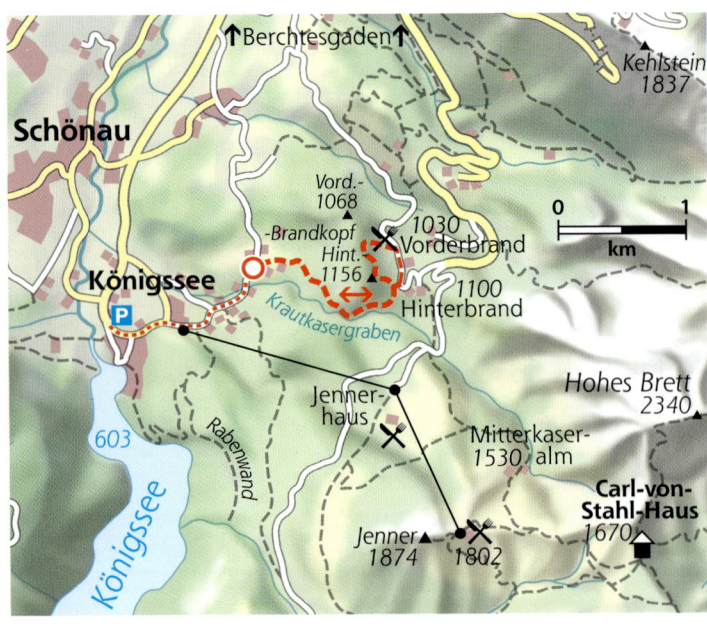

TIPP

Da der Brandkopf außerhalb des Nationalparks liegt und ein grasbewachsenes ebe-
nes Gipfelplateau hat, eignet er sich für
eine Biwaknacht. Besonders in warmen,
sternschnuppenreichen Sommernächten,
die wenig zusätzliches Gepäck erfordern,
kann es ein herrliches Erlebnis sein, hier
oben Ruhe und Aussicht zu genießen.
Feuermachen und das Hinterlassen von
Müll sollte man dabei selbstverständlich
unterlassen. Aber auch wer nicht die
ganze Nacht zur Verfügung hat, sondern
nur ein, zwei romantische Abendstunden
verbringen möchte, findet am Brandkopf
den passenden Ort und ist anschließend
in wenigen Minuten wieder beim fahrba-
ren Untersatz. Stirnlampe nicht vergessen!

einen links zum Gipfel abzweigenden Pfad
gefunden.

Watzmann-Aussichten Über das schöne
letzte Wegstück steigen wir zum kleinen Gipfelplateau mit den Rastbänken hinauf. Der
Blick zum Watzmannmassiv ist beeindruckend, sogar St. Bartholomä und ein Teil des
Königssees sind sichtbar. Wenn wir abends
oder schon sehr früh morgens unterwegs
sind, stehen auch die Chancen gut, diesen so

häufig besuchten Berg einmal für sich allein zu
haben. Für den Abstieg gibt es verschiedene
Optionen: Neben der Rückkehr auf dem Aufstiegsweg empfiehlt sich eine Einkehr im
Berggasthof Vorderbrand, der in wenigen Minuten Abstieg über den nördlich vom Gipfel
wegführenden Weg erreichbar ist. Verfolgt
man die Vorderbrandstraße bis ganz oben, gelangt man zum Parkplatz Hinterbrand, von wo
aus ein völlig kniebeschwerdefreier »Abstieg«
wartet – mit dem Bus nach Berchtesgaden.

*Das Dorf Königssee
am Fuß des Watz-
manns*

*Fern sehen:
Blick ins winterliche
Hochgebirge*

10 Über den Kehlriedel zum Kehlstein

Der vergessene historische Weg am Touristenberg

● 5:30 Std. · je 900 Hm

TOURENCHARAKTER

Eine Tour für Liebhaber versteckter alter Pfade. Der Weg über den Kehlriedel ist schmal, anfangs schwer zu finden, stellenweise zugewachsen und hat alpinen Charakter, stellt jedoch für geübte Bergwanderer keine Schwierigkeit dar. Er ist vor allem bei Nässe nur im Aufstieg zu empfehlen. Alle übrigen Teile der Tour führen über markierte, teils sogar asphaltierte Wanderwege.

GIPFEL

Kehlstein, 1837 m

TALORT

Berchtesgaden, 541 m

AUSGANGSPUNKT

Restaurant Sonneck, 985 m

ANFAHRT

Mit Auto oder Bus 838 von Berchtesgaden über den Obersalzberg und die Dürreckstraße bis zum Restaurant Sonneck.

GEHZEITEN

Sonneck – Untere Kehlalm 1 Std., über den Kehlriedel zum Parkplatz Kehlsteinhaus 1:30 Std., über das Kehlsteinhaus zum Kehlsteingipfel 30 Min., Abstieg über Hochfeld/Dalsenwinkel und Untere Kehlalm zurück zum Sonneck 2–2:30 Std.; insgesamt 5:30 Std.

HÖHENDIFFERENZ

Insgesamt ↑↓ 900 Hm

BESTE JAHRESZEIT

Ende Mai bis Oktober

EINKEHR

Restaurant Sonneck, Scharitzkehlstraße 2, Tel.: 08652/42 57; Berggaststätte Kehlsteinhaus, bewirtschaftet von Anfang/Mitte Mai bis Mitte/Ende Oktober, keine Übernachtungsmöglichkeit! Tel.: 08652/29 69, www.kehlsteinhaus.de

KARTE

Umgebungskarte »Nationalpark Berchtesgaden« 1:25 000 oder AV-Karte Bayerische Alpen BY22 »Berchtesgaden/Untersberg« 1:25 000

BESONDERHEIT

Ein völlig vergessener Weg an einem touristischen Brennpunkt

Zu Tausenden lassen sich die Besucher mit dem Bus auf den Kehlstein karren, um bei Hitlers berühmtem »Teehaus« zwei Reizen ausgesetzt zu sein: Da ist die augenscheinliche Schönheit der Bergwelt ringsum, der begeisternde Blick hinunter ins Tal und hinüber zu Göll und Watzmann. Da ist aber auch ein unsichtbares Faszinosum, das die Leute in einer vagen Mischung aus Nazi-Schauder, Lust am Bombastischen und Hang zum Esoterischen in den Bann zieht. Neben den felsigen Abgründen offenbart der Kehlstein auch menschliche. Denn es gibt sie leider, die lederbewehrten Glatzköpfe, die zum »Adlerhorst« hinaufpilgern und Rudolf-Heß-Aufkleber auf Mülleimern zurücklassen. Auch auf die befremdliche »Black-Eagle«-Schnapswerbung, die Murmeltiersalben und all das – mit Verlaub – unsägliche Geraffel, mit dem sich der naive Einwegkamera-Tourist dort oben ködern lässt, könnte man als reiner Naturliebhaber gut verzichten. Aber gottlob hat dieser so belastete Berg auch noch andere Seiten – viel ältere, echtere.

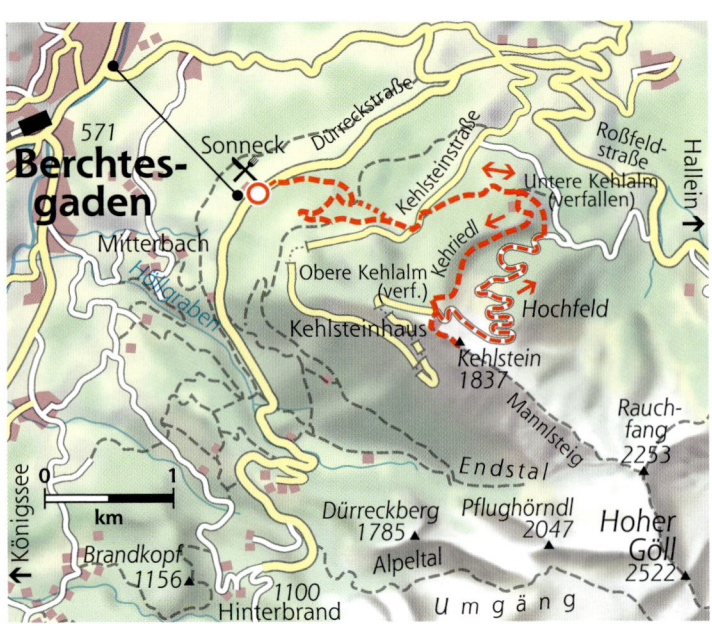

Alte Karten und Führer verraten es: Vor 1937 war dem Berg noch nicht die Fessel der Kehlsteinstraße angelegt, da gab es nur einen stillen Gipfel und einen Pfad, der über den steilen Bergrücken namens Kehlriedel nach oben führte. Wenn ich nicht irre, beschreibt schon ein Reisebericht aus dem Jahre 1791 diese Tour, an der damals sogar der letzte Fürstpropst höchstpersönlich teilnahm! Für geübte Wanderer ist die Route bis heute lohnend: Vom Restaurant Sonneck gehen wir ein kurzes Stück auf der Straße talwärts zurück, bis rechts ein Wanderweg in den Wald hinaufführt. Auf diesem steigen wir hundert Höhenmeter hinauf, bis er in einen Fahrweg einmündet. Hier geht es nun entweder auf einem sehr schmalen unmarkierten Pfad weiter aufwärts (Abzweigung in den Karten zu weit nördlich eingezeichnet, Pfad bald schwer zu finden) oder rechts auf dem Fahrweg flach weiter und westlich ausholend wie beschildert in Richtung Kehlstein (bei 1160 m mündet von links der schmale Pfad wieder ein). Nun kreuzen wir die für Fußgänger gesperrte Kehlsteinstraße und erreichen bald darauf eine große Wendeschleife.

Der Pfad über den Kehlriedel Exakt südöstlich der Spitze der von der Wendeschleife eingeschlossenen Insel (Karten auch hier falsch!) zweigt ein anfangs sehr undeutlicher Steig in den Wald ab, der die teils brusthoch

zugewucherte Untere Kehlalm quert (links halten!). Von den Almkasern selbst ist nichts mehr zu sehen; einer der beiden wurde bei dem Luftangriff auf den Obersalzberg am 25. April 1945 durch eine Bombe zerstört. Der Pfad hält in südöstlicher Richtung auf den Höhenrücken zu und verläuft ab hier gut sichtbar und meist auf der Scheitellinie des Kehlriedels. Dann queren wir mit der Oberen Kehlalm ein weiteres eindrucksvolles Relikt vergangener Zeiten. Zuletzt schlängelt sich der Weg raffiniert durch felsiges Gelände und mündet genau in das Ende der Kehlsteinstraße – ein abrupter Sprung durch die Geschichte des Berges! Auf dem breiten Fußweg geht es nun in Serpentinen zum Kehlsteinhaus hinauf. Wer Lust hat, schlendert dann noch am großen Gipfelkreuz vorbei ein Stück den Grat entlang, wo sich der höchste Punkt dieses – rein geographisch betrachtet – untergeordneten Bergs befindet. Früher hieß der Kehlstein übrigens auch Göllstein, Göhlstein oder Kahlstein – heute ist das nicht mehr bekannt. Eine Abstiegsalternative besteht vom Busparkplatz aus mit dem asphaltierten Serpentinenweg über den Dalsenwinkel, von wo aus wir nach wenigen Höhenmetern Zwischenaufstieg unterhalb der Unteren Kehlalm wieder die Aufstiegsroute erreichen. Es besteht aber natürlich auch die Möglichkeit, ganz bequem mit dem Bus zu Tal zu fahren.

Ein »Pfadfinder« auf den dicht überwucherten Wiesen der Unteren Kehlalm

Düsterer Juni-Abend auf dem Kehlstein

11 Rotspielscheibe und Fagstein

Zwei wunderschöne Gipfel abseits des Trubels

8 Std.   je 1300 Hm

TOURENCHARAKTER

Bis zur Königstalalm breite Wanderwege und Fahrwege, danach unbezeichnete, aber deutliche Pfade. Aufstieg zur Rotspielscheibe stellenweise steil. Von der Scheibe zum Fagstein zunächst Pfadspuren, dann Steinmänner, schließlich weglos, aber unschwierig. Abstieg vom Fagstein über deutlichen Pfad, stellenweise steil. Ab Priesbergalm wieder breite Wege. Trittsicherheit, Schwindelfreiheit und Orientierungsvermögen erforderlich.

GIPFEL

Rotspielscheibe, 1940 m; Fagstein, 2164 m

TALORT

Dorf Königssee, 604 m

AUSGANGSPUNKT

Parkplatz Hinterbrand, 1130 m

ANFAHRT

Mit Auto oder Bus von Berchtesgaden über den Obersalzberg und die Dürreckstraße zum Parkplatz Hinterbrand

GEHZEITEN

Hinterbrand–Königstalalm 2 Std., Rotspielscheibe 1:30 Std., Fagstein 1–1:30 Std., über die Roßfelder zur Priesbergalm 1:30 Std., Hinterbrand 1:30 Std.; insgesamt 8 Std.

HÖHENDIFFERENZ

Insgesamt ↑↓ 1300 Hm

BESTE JAHRESZEIT

Juni bis Oktober

EINKEHR

Königstalalm, 1530 m. Almbetrieb mit Verkauf von Brotzeiten und Getränken etwa von Ende Juni bis Ende August. Tel. (Tal): 08652/615 35. Priesbergalm, 1500 m, in der Sommersaison einfach bewirtschaftet. Tel. (Tal): 08652/22 14. Beide Almen ohne Übernachtungsmöglichkeit!

KARTE

Umgebungskarte »Nationalpark Berchtesgaden« 1:25 000 und AV-Karte 10/2 »Hochkönig/Hagengebirge« 1:25 000, Ausgabe 2008

Kombinierbar mit Tour 9, 14, 15

Eine Almwanderung durch saftiges Grün ist eine tolle Sache. Lohnenswerter wird eine Tour durch eine Gipfelbesteigung, von denen ich hier gleich zwei empfehlen kann. Doch damit nicht genug: Versteckte, aber gut gangbare Pfade gefällig, die in vielen Karten nicht eingezeichnet sind? Eine abwechslungsreiche Landschaft, die mit senkrechten Wänden, bizarren Karstformationen, Gipfelgraten und weiten Wiesen begeistert? All das ist hier zu finden! Tatsächlich, ich komme bei dieser Tour aus dem Schwärmen nicht heraus. Sowohl die Rotspielscheibe als auch der Fagstein sind unschwierig zu ersteigen und vor allem bei Einheimischen sehr beliebt. Die Überschreitung der beiden ergibt eine wunderbare tagfüllende Rundwanderung durch das westliche Hagengebirge.

Die Tour beginnt zeit- und kräftesparend am Parkplatz Hinterbrand, wo wir der Beschilderung zur nahegelegenen Jennerbahn-Mittelstation folgen. Dort geht es geradeaus weiter und durchwegs mit nur geringen Steigungen auf breiten Wegen den ganzen Jenner-Westhang entlang – ein wenig anstrengender Auftakt, der sich gut zum Warmwerden eignet! Gegen Ende dieser langen Querung fällt der Fahrweg noch einmal vierzig Höhenmeter ab und bietet tolle Ausblicke zum Watzmannmassiv. Am Ende des Gefälles überqueren wir den Königsberger Graben, den Hauptzufluss des Königsbaches, und steigen auf der anderen Seite steil zur nächsten größeren Fahrstraßenverzweigung hinauf. Hier halten wir uns links in Richtung Stahlhaus! Wiederum nur wenig später erreichen wir auf

Die Königstalalm

58

1360 Meter Höhe die Abzweigung, von wo aus es rechts (östlich) zunächst leicht abfallend und unbeschildert zur Königstalalm weitergeht, welche nicht mit der tiefer gelegenen Königsbachalm zu verwechseln ist. Orientierungsschwierigkeiten? Was hier so kompliziert beschrieben ist, wird beim Blick auf die Karte sofort klar: Der direkte Aufstieg zur Königstalalm ist eigentlich nicht zu verfehlen.

Die Königstalalm erreichen wir schließlich über den Fahrweg, zuletzt etwas steil und über Serpentinen im Wald. In der kurzen Sommersaison bietet sich die in einer eindrucksvollen Umgebung gelegene Alm für eine Rast an. Wanderer kommen hier in den Genuss zünftiger Brotzeiten und frischer Milch, und es ist keine Seltenheit, dass Flötenspiel erklingt oder der Berchtesgadener Jodler durch den Talkessel hallt. Dazu die Almwiesen und die herumbummelnden Kühe ... Manch einem mag all das als übertrieben heile Welt erscheinen, als unerträglicher Gegensatz zur problembeladenen, urbanen Welt des Alltags. Es wäre jedoch geboten, die Almwirtschaft einmal ganz unvoreingenommen zu betrachten, sie als echtes Kulturgut wiederzuentde-

cken und auch im Blick zu behalten, mit welchen Schwierigkeiten und Mühen sie behaftet ist. Doch nun ruft der Gipfel: Wir wandern zwischen den beiden Almgebäuden hindurch und leicht aufsteigend auf einem Pfad in südöstlicher Richtung über einen Bach und in den Wald. Schon kurze Zeit später, am Beginn einer großen Lichtung, verzweigt sich der Weg, und wir wählen die rechte Variante, die in der Folge im Wald südwestlich hinaufführt. Auf dem schmalen, aber immer erkennbaren

Die Farnleiten mit ihren Blaubeerfeldern

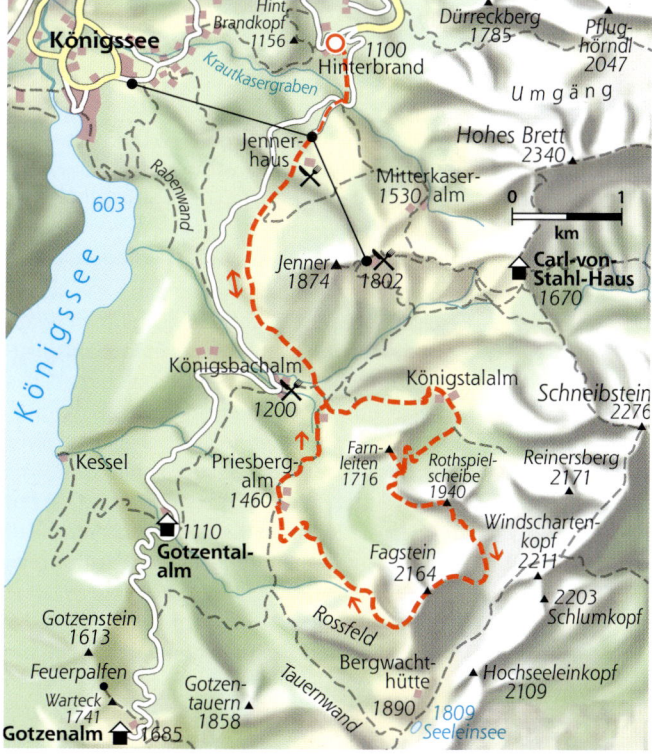

Pfad steigen wir nun in wenigen Spitzkehren die Ostflanke der von riesigen Blaubeerfeldern überzogenen Farnleiten hinauf, die den nördlichen Hügelvorbau der Rotspielscheibe bildet.

Almlandschaften und Felswände Von der Einsattelung vor dem Steilaufbau der Rotspielscheibe kann ein kurzer Abstecher zum höchsten Punkt der Farnleiten unternommen werden. Schon jetzt ist das Erlebnis großartig: Fernab der überlaufenen Routen schweift der Blick ungestört über die umliegenden Berge und hinab ins Berchtesgadener Tal. Sanfte Hügelformen und Grüntöne beruhigen das Auge, aber auch die direkt benachbarte düstere Nordwand der Rotspielscheibe ist nicht zu übersehen. Nun weht ein alpiner Wind! Aus dem Sattel zieht in südlicher Richtung ein nur in der neuesten AV-Karte verzeichneter Pfad zum eigentlichen Gipfelaufbau der Rotspielscheibe hinauf. Er führt durch ihre waldige und sehr steile Nordwestflanke und ist für schwindelfreie Bergsteiger mit Genuss zu begehen, Vorsicht allerdings bei Nässe! Schon bald erreichen wir – teils etwas ausgesetzt – den Gipfelkamm, wo von rechts (südlich) ein

Pfad aus dem Priesberggebiet heraufführt. Angenehm und aussichtsreich sind die letzten Meter bis zum Gipfel, dann haben wir den Berg bestiegen, der früher meist nur »Scheibe« genannt wurde. Gerne schaut man nun noch einmal hinab zur Königstalalm, vor allem aber fasziniert der überraschend jähe Abbruch der Nordwand keine drei Schritte vom Gipfelkreuz entfernt.

Der Fagstein wartet Der Weiterweg bietet sofort Neues: Wir steigen südöstlich auf Steigspuren in den Kessel zwischen Rotspielscheibe, Reinersberg, Windschartenkopf und Fagstein ab und finden uns kurz darauf in einem zerklüfteten Felsgelände wieder, das sogar dem Steinernen Meer alle Ehre machen würde. Immer wieder sind schwache Markierungen und Steinmänner zu sehen, die den vielleicht zügigsten Durchstieg in diesem verkarsteten Auf und Ab vermitteln. Ob wir nun nach Steigspuren Ausschau halten oder auf eigene Faust dahinwandern – wichtig ist, die Einsattelung zwischen Windschartenkopf und Fagstein (Punkt 1996 der AV-Karte) anzusteuern. Von hier aus wäre in wenigen Minuten Abstieg der markierte Weg Nr. 416 zwi-

60

schen Schneibstein und Seeleinsee erreichbar, doch empfehlenswerter ist es, mit dem Fagstein noch einen zweiten Gipfel mitzunehmen. Hierzu steigen wir einfach weglos über seinen Ostrücken auf und suchen uns selbst eine Route über Fels und Gras hinauf zum Gipfelgrat. Das Schlussstück kann man sich schöner nicht vorstellen: weglos, aber völlig unschwierig, direkt auf der Gratschneide und mit freiem Rundblick!

Abstieg über das Roßfeld Die Überschreitung des Fagsteins vervollständigen wir schließlich mit dem Abstieg zu den Wiesen des Roßfelds: Vom Gipfel geht es einfach auf dem Kamm weiter, bis nach 15 Minuten ein Abstieg nach rechts (westlich) möglich ist. Ein gut erkennbarer Pfad mogelt sich raffiniert durchs grasige Steilgelände. Vor allem bei Nässe sind Trittsicherheit und Schwindelfreiheit hier nicht fehl am Platz. Ansonsten ist der Weg aber mit keinen Schwierigkeiten verbunden, und wenig später finden wir uns auf den weiten Wiesenhängen des Hohen Roßfelds wieder. Auf einem unmarkierten Weg, der wiederum auf fast keiner Karte verzeichnet ist, gelangen wir in nordwestlicher Richtung nach unten. Ganz ohne Hindernisse sind die Roßfelder zur Königsseeseite hin ausgerichtet

Eine kleine Freude am Wegesrand

– sie vermitteln ein Gefühl der Freiheit und ermöglichen noch einmal stilles Wandern, bevor weiter unten die Hauptrouten warten. Besonders schön wäre es natürlich, hier im goldenen Licht eines späten Herbstnachmittags unterwegs zu sein! Nördlich der Kammerlwand und der Quelle des Abwärtsgrabens weist ein Bergrücken den Weg genau in Richtung Priesbergalm, von der uns schließlich nur noch ein letzter Waldstreifen trennt. Auf breiten Wegen zurück nach Hinterbrand geht diese Traumtour ihrem Ende entgegen.

Der eigentümliche Gipfelkamm des Fagsteins, hinten Hundstod und Watzmann

12 Der Schneibstein-Ostgrat

Eine lange, einsame Überschreitung im Hagengebirge

  12–13 Std. je 2000 Hm

Kein Tourenführer über die Berchtesgadener Alpen, in dem der Schneibstein nicht vorkommt! Überall steht es geschrieben, jeder weiß es: Der Schneibstein ist der angeblich »leichteste Zweitausender« im Berchtesgadener Land, ein vielbesuchter und beliebter Wanderberg, der insbesondere unter Einbeziehung der Jennerbahn einfach und zügig zu besteigen ist. Aber auch dieser hundertfach beschriebene Berg hat seine verborgenen Seiten. Wenig bekannt ist etwa die Tatsache, dass er nach dem Großen Teufelshorn und dem Kahlersberg die dritthöchste Erhebung des gesamten Hagengebirges darstellt, und nur gute Ortskenner wissen von den nichtmarkierten Routen, die zum Gipfelplateau hinaufführen. Die Besteigung des Schneibsteins aus dem Bluntautal über seinen langen Ostgrat ist einer der alpinistischen Höhepunkte östlich des Königssees: eine anstrengende, lange Unternehmung, die nur guten Bergsteigern mit bester Kondition anzuraten ist. Auch wenn diese Kammroute keine Hochflächenüberquerung ist, kann sie als typisch für das Hagengebirge gelten: Die Dimensionen sind gewaltig, die Wege steil und einsam, und nicht selten trifft man auf Gämsen oder Kreuzottern.

Durchs lange Bluntautal In Golling im Salzachtal folgen wir der Beschilderung in Richtung Bluntautal, bis ein Wanderparkplatz unter der Hochspannungsleitung das Ende des frei befahrbaren Straßennetzes ankündigt – nur Gäste des Gasthauses Bärenhütte dürfen weiterfahren. Vom Parkplatz aus geht es zu Fuß an den letzten Häusern des Gollinger Ortsteils Torren (sprich Torréhn) vorbei und zu einer Fahrstraßenverzweigung: Die beiden Varianten führen parallel zum Gasthaus Bärenhütte und umschließen die wunderschönen Bluntauseen, die man unbedingt gesehen haben sollte. Hinten im Bluntautal ist schon das Ziel der Tour sichtbar: der Schneibstein mit seinem Ostrücken. Ansonsten gestaltet sich das flache Wegstück bis zum Gasthaus

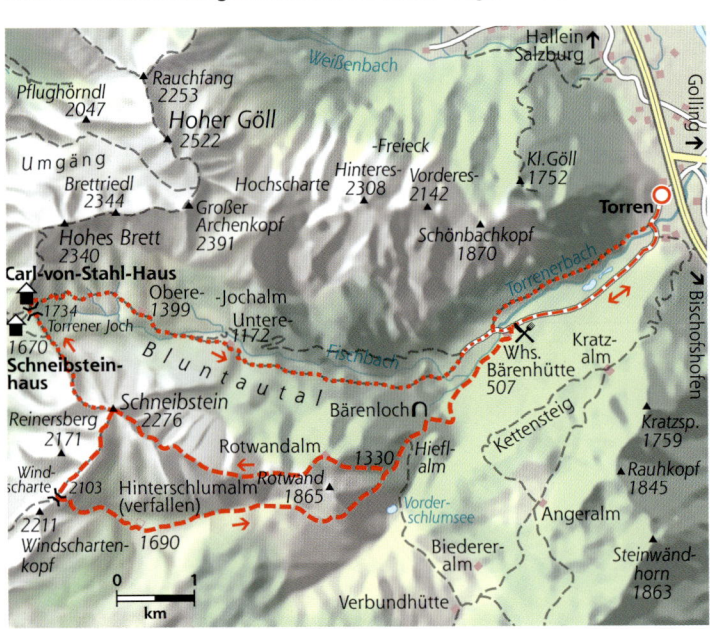

recht unspektakulär und langatmig, und es wird Zeit, dass es dann endlich richtig losgeht: Beim Gasthaus Bärenhütte biegen wir südlich auf den Weg Nr. 454 ab und wandern an der Torren entlang, bis der markierte Pfad unmittelbar neben der Steilwand überraschend schroff und felsig nach oben führt.

Typische Steige im Hagengebirge Der sogenannte Schlumsteig führt nun bald wieder angenehmer im Wald hinauf, durch den Torrenwinkl und zur Stelle »beim kalten Wasser«, wo man pro Person noch einmal zwei bis drei Liter Wasser abfüllen sollte, denn für viele Stunden ist nun keine gute Quelle mehr in

Die Schlüsselpassage des langen Schneibergrates, hinten links der Kahlersberg

Am Schneibstein-Ostgipfel

Aussicht. Im »Schlumhiefl« quetscht sich der Steig mit Holzleitern und Drahtseilen durch einige Engstellen. Bei der Wegverzweigung auf ca. 1130 m Höhe wählen wir den rechten Pfad (Nr. 454), der sich noch ein Stück steil und ausgesetzt emporwindet und dann wieder flacher wird. Nun heißt es aufpassen: Auf 1330 Meter Höhe markieren Steinmänner den Abzweig eines sehr schwachen, anfangs fast unsichtbaren Pfades nach rechts (westlich), dem wir aufmerksam folgen. Dieser alte Almpfad führt nun im von der Rotwandalm ostwärts herabziehenden Tal aufwärts, wobei er bald die nordseitige Begrenzungswand erreicht, ein Stück an dieser entlang führt und bis zu seinem oberen Ende immer auf der nördlichen Talseite bleibt.

Verwunschene Welten Schließlich erreichen wir die Rotwandalm, eine verträumte kleine Hochfläche, die man sich weltentrückter kaum vorstellen kann. Die letzten hölzernen Überreste des Kasers faulen vor sich hin, Gämsen streifen durchs hohe Gras. Es ist wie bei so vielen alten Almen fast nicht vorstellbar, dass hier Menschen lebten, und noch weniger, dass einst sogar Vieh hier heraufgetrieben wurde. Ist es nicht eine wertvolle Erfahrung, an solch einem Ort einer uns so fremd gewordenen Vergangenheit nahe zu sein, Einsamkeit bewusst zu erleben und zugleich die Welt der Autobahnen und des Internets nur wenige Kilometer entfernt zu wissen? Der Gedanke an das schwierige alpinistische Restprogramm des heutigen Tages reißt uns aus unseren Träumereien. Wir überqueren die Almwiesen in westlicher Richtung und suchen uns an geeigneter Stelle eine Route, die uns südwestlich zum Grat hinaufführt. Dabei halten wir uns nicht zu weit links, sondern peilen den in der AV-Karte angegebenen Punkt 1879 an! Der östlich vorgelagerte Gipfel der Rotwand bleibt aus Zeitgründen außen vor, auch ohne ihn ist die Tour lang und reichhaltig.

Auf zur Gratüberschreitung Wer nach etwas Suchen den schmalen Durchschlupf durchs Latschendickicht gefunden hat, findet vom Punkt 1879 an gut gangbare Latschengassen und freies Grasgelände. Der nun folgende Weg über den Grat ist der schwierigste Teil der Tour: In mehrmaligem Auf und Ab geht es über die grasige Rotwandschneid – auch Schneiber- oder Schneibsteingrat genannt –, wobei ein seitliches Ausweichen oft nötig ist. Eine detaillierte Beschreibung der Route ist hier nicht möglich. Wegfindige und erfahrene Bergsteiger werden die immer wieder vorhandenen Steigspuren und vereinzelten Mini-Steinmänner finden und kaum mit Schwierigkeiten konfrontiert sein, die den I. Grad überschreiten. Ein grasiger, kaminartiger Steilaufschwung ist die letzte Hürde, und

> **TIPP**
>
> Der Pfad zur Rotwandalm ist teilweise unkenntlich und nur hin und wieder durch kleine Steinmänner zu identifizieren. Wer ihn verliert, kann auch genau in der Talsohle aufsteigen – diese Route ist sehr direkt und unschwierig, allerdings bei hohem Bewuchs etwas unangenehm zu begehen.

wir erreichen wenig später das Gipfelkreuz des Schneibstein-Ostgipfels. Doch von hier ist es noch immer über eine Stunde wegloser Fußmarsch bis zum Hauptgipfel des Schneibsteins, wenn auch ohne jede Schwierigkeit. Lediglich ein paar Scharten erfordern kurze Zwischenabstiege. Dann ist der höchste Punkt der Tour erreicht!

Schneibstein-Gipfelrast und Abstieg In die Begeisterung über den Blick zum Watzmann müssen sich nun auch abwägende Gedanken mischen: Sind noch genug Zeit und Kraft für einen langen, beschwerlichen 6-Stunden-Abstieg vorhanden? Wenn nicht, sollte man unbedingt auf dem Normalweg nach Nordwesten zum ganzjährig geöffneten Stahlhaus (Tel.: 0049/8652/27 52) hinunterspazieren, dort einen gemütlichen Abend verbringen und anderntags das Bluntautal hinauswandern. Nur wer wirklich ausdauernd und zügig unterwegs ist, sollte südlich in die Windscharte absteigen und den Weg über die Hinterschlumalm zurück in Richtung Golling nehmen. Steil und mit Drahtseilhilfe geht es aus der Windscharte hinab (Vorsicht bei Altschnee!) zur wildromantisch gelegenen Hinterschlumalm. Deren Kaser wurde in Führern der 1930er-Jahre noch als Übernachtungsmöglichkeit empfohlen, heute dagegen fault er als morsches, dachloses Holzgerippe sei-

Gute Bergsteiger kommen bis zum Gipfel, die bösen Dohlen überall hin.

nem vollständigen Verschwinden entgegen. In einer nicht enden wollenden, aber höchst eindrucksvollen einsamen Wanderung geht es zuletzt leicht aufsteigend zur Vorderschlumalm, wobei der Weg zwar immer markiert, jedoch teils verwachsen und bei Nässe unangenehm ist. Bei der Wegverzweigung biegen wir links ab und gelangen über die drahtseilversicherte »Wohlmuet« zurück zu der Stelle (1330 m), wo wir auf den kleinen Pfad zur Rotwandalm hinauf abgezweigt sind. Auf dem bekannten Schlumsteig geht es nun steil hinab ins Bluntautal und talauswärts nach Golling. Was für eine Tour! Voller Eindrücke kehren wir nach Hause zurück, rufen uns viele Bilder noch einmal wach und ertappen uns vielleicht schon beim Gedanken an eine Rückkehr in dieses wilde Gebirge ...

Die endlosen Weiten des Hagengebirges

13 Vorderschlumsee und Angeralm

Stille Orte in einem fast vergessenen Gebirge

8–9 Std. je 1270 Hm

TOURENCHARAKTER

Lange Wandertour, die durch einsame Gegenden führt. Die Route verläuft ausschließlich auf markierten, jedoch teils steilen und rutschigen Wegen. Die anspruchsvollsten Wegabschnitte liegen vor und nach dem Vorderschlumsee. Bergerfahrung und Trittsicherheit erforderlich, genügend Verpflegung mitnehmen! Nach Regenfällen bleiben die Wege oft tagelang matschig.

ETAPPEN

Golling, 476 m – Gasthaus Bärenhütte, 507 m – Schlumsteig – Schlumhiefl – Vorderschlumsee, 1102 m – Verbundhütte, 1514 m – Angeralm, 1590 m – Kettensteig – Grazalm, 1233 m – Golling

TALORT

Golling, 476 m

AUSGANGSPUNKT

Parkplatz in Torren

ANFAHRT

Mit dem Auto wie in der Einleitung beschrieben nach Golling, Ortsteil Torren; mit der Bahn nach Golling-Abtenau und zu Fuß zum Ausgangspunkt

GEHZEITEN

Parkplatz Torren – Gasthaus Bärenhütte 0:45 Std. – Vorderschlumsee 2:30 Std. – Verbundhütte 1–1:30 Std. – Angeralm 0:45 Std. – Grazalm 1 Std. – Parkplatz Torren 2 Std.; insgesamt etwa 8–9 Std.

HÖHENDIFFERENZ

Insgesamt ↑↓ 1270 Hm

BESTE JAHRESZEIT

Juni bis Oktober

EINKEHR

Abgesehen vom Gasthaus Bärenhütte im Bluntautal gibt es unterwegs keine Einkehrmöglichkeit. Anger- und Grazalm sind auch im Sommer nicht immer bewartet!

KARTE

AV-Karte 10/2 »Hochkönig/Hagengebirge« 1:25 000; für den auf der AV-Karte nicht abgebildeten nordöstlichsten Teil der Route zusätzlich: Topographische Karte »Berchtesgadener Alpen« 1:50 000

Kombinierbar mit Tour 12

Das Hagengebirge, jene einsame und wenig bekannte Hochfläche der östlichen Berchtesgadener Alpen, ist eine kleine Welt für sich. Denn hier stellt sich vieles ein wenig stiller, urtümlicher, wilder dar als in den »harmlosen«, gut erschlossenen Gotzenbergen direkt überm Königssee. Das gilt auch für die markierten Wege, die zwar hin und wieder instandgehalten werden, aber eben doch durch ein sehr entlegenes und schroffes Gebirge führen, in das sich eher einzelne Liebhaber als die Horden des Wochenendtourismus verirren. Eine beispielhafte Rundtour, die sich gut eignet, um den Charakter des Hagengebirges kennenzulernen, führt den Wanderer aus dem Bluntautal über den Schlumsteig ins Gebirge hinauf.

Zum geheimnisvollen Vorderschlumsee Das erste Wegstück durchs Bluntautal und über den Schlumsteig ist identisch mit Tour 12. Noch unterhalb der Quelle »beim kalten Wasser« befindet sich etwas abseits des Steigs der Eingang in die Bärenhöhle, wo man die Skelette von neunzig Höhlenbären fand – und das ist nur eine von mehreren hundert Höhlen des Hagengebirges! Wo sich der Weg oberhalb des Schlumhiefls verzweigt (ca. 1130 m), halten wir uns links und passieren auf einem schmalen und oft schlammigen Pfad das Gebiet der alten Hieflalm. Dann geht es steil in den Kessel des Vorderschlumsees hinunter, der im stark verkarsteten und gewässerarmen Hagengebirge besonders auffällt. Doch auch er ist vergänglich: Wenn für längere Zeit Niederschläge ausbleiben, trocknet

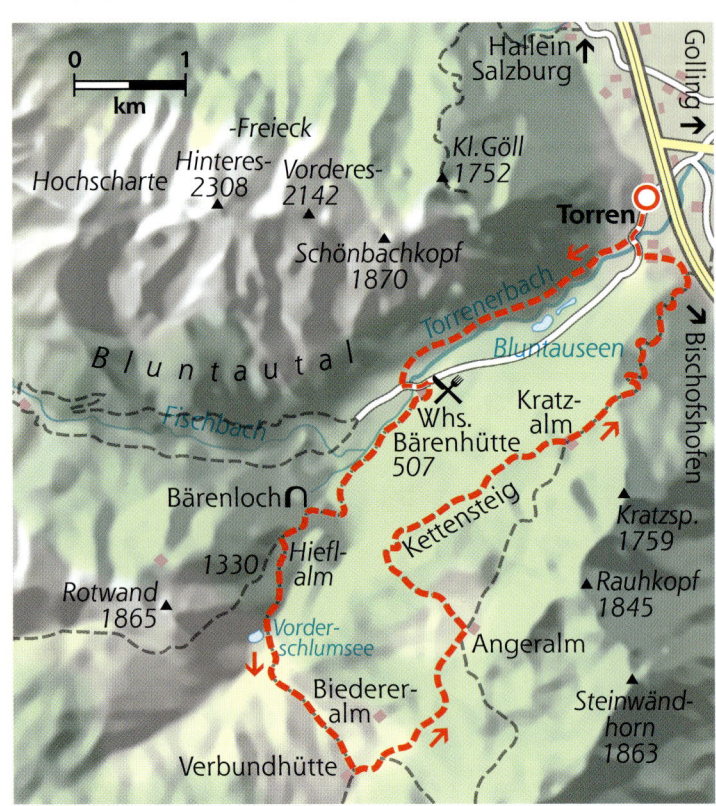

der See allmählich aus. Ein geheimnisvoller Ort, dieser Vorderschlumsee – ein Ort der Stille, und bei genügend Wasser eine Oase für den, der von der heißen, trockenen Hochfläche kommt. Seealmsee wird er auch genannt, oder sogar – in J. Schätz' Führer von 1930 – einfach nur »See« in expliziten Anführungsstrichen, so als ob er die Urform schlechthin, ja den Archetypus des paradiesischen Teiches verkörperte! Eine Ode an den Vorderschlumsee und das gesamte Hagengebirge hat Helmut Probst im Alpenvereinsjahrbuch 1972 geschrieben.

Aufstieg zur Verbundhütte Von der Wegverzweigung nordöstlich des Sees führt nun ein anspruchsvoller, da steiler und rutschiger Aufstieg über den Grüblboden und die alte Krinnalm zur Verbundhütte, wo erstmals wieder die »Zivilisation« näherrückt. Die 1959–61 errichtete Hochspannungsleitung, die schräg über das gesamte Gebirge führt, ist nämlich nicht zu übersehen, stört aber letztlich weniger, als von vielen vermutet. Die Verbundhütte selbst ist eine Diensthütte und bietet keine Unterkunft, jedoch Wasser. In nordöstli-

cher Richtung geht es schließlich entlang der Strommasten zum weiten Plateau der Angeralm, einem der letzten Refugien der Almwirtschaft im Hagengebirge. In einer sehr schönen und oft aussichtsreichen Wanderung gelangen wir schließlich über den Kettensteig und die Grazalm zurück ins Tal. Es bleibt die Erkenntnis: Das Hagengebirge ist nichts für den schnellen Genuss, kein Gebirge der Sensationen. Die tiefgründige Faszination aber, die von ihm ausgeht, lässt einen so schnell nicht wieder los.

Mittagsrast auf der Angeralm

Golling an der Salzach

HINTERGRUND

Früher existierten über 25 Almen im Hagengebirge. Die einstmals so intensiv betriebene Viehwirtschaft erreichte in den Berchtesgadener Alpen in der zweiten Hälfte des 20. Jahrhunderts ihren Tiefststand. Schon 1971 waren im Hagengebirge nur noch zwei Almen – die Anger- und die Grazalm – bewirtschaftet, jedoch auch diese ohne ständige Beaufsichtigung.

Zahlreiche Almen mussten aufgrund mangelnder Rentabilität aufgelassen werden, andere wurden von Jagdherren aufgekauft und lagen zum Zweck des ungestörten Jagens brach, wieder andere waren vom Versiegen wichtiger Quellen oder von allgemeiner Verkarstung des Bodens betroffen. Neben zahlreichen noch offenen Wiesenflächen mit verfallenen Kasern gibt es auch ehemalige Almen, die schon fast vollständig von Wald oder Dickicht überwachsen sind – kleine, untergegangene Welten, die nur noch als Namen in der Karte weiterleben.

14 Kaunersteig und Hochlafeld

Unterwegs in den südlichen Gotzenbergen

9–10 Std. je 1600 Hm

TOURENCHARAKTER

Wandertour, die alle Facetten der Gotzenberge aufzeigt: steile Weganlagen am Kaunersteig, wegloses Gelände am Hochlafeld, breite Almwege und Fahrstraßen im Bereich der Gotzen- und Gotzentalalm. Für wegfindige und erfahrene Bergsteiger besteht mehrmals die Gelegenheit zu interessanten, teilweise anspruchsvollen Abstechern und Alternativabstiegen. Wird die Tour auf die einfachste Art und Weise durchgeführt, stellt lediglich die Orientierung bei der Besteigung des Hochlafelds eine kleine Herausforderung dar, Kletterstellen gibt es nicht. Die Übernachtung auf der Gotzenalm ist zu empfehlen.

GIPFEL

Hochlafeld (Hohes Laafeld), 2074 m;
Warteck, 1741 m

TALORT

Dorf Königssee, 604 m

AUSGANGSPUNKT

Schiffsanlegestelle Salet, 604 m

ANFAHRT

Mit Auto oder Bus zum Königssee, weiter mit dem Schiff bis Salet

GEHZEITEN

Salet – Kaunersteig – Regenalm 3 Std., Gotzenalm 0:45 Std., Hochlafeld 1:30–2 Std., Gotzenalm 1–1:30 Std., über die Gotzentalalm nach Kessel 2:30 Std.; insgesamt 9–10 Std.

HÖHENDIFFERENZ

Insgesamt ↑↓ 1600 Hm

BESTE JAHRESZEIT

Ende Mai bis Oktober

EINKEHR

Berggaststätte Gotzenalm, 1685 m. Privathütte, bew. von Mitte Mai bis Mitte Oktober. Tel.: 08652/69 09 00

KARTE

AV-Karte 10/2 »Hochkönig/Hagengebirge« 1:25 000, Ausgabe 2008. Umgebungskarte 1:25 000 »Nationalpark Berchtesgaden«

BESONDERHEIT

Der Feuerpalfen mit seiner berühmten Aussicht zur Watzmann-Ostwand.

Kombinierbar mit Tour 11, 15

Das aussichtsreiche Plateau der Gotzenalm mit all seinen Vorzügen muss kaum extra gerühmt werden: Man kennt es aus vielen Publikationen als Wanderparadies und Mountainbike-Revier, und auch der Feuerpalfen mit seinem Tiefblick nach St. Bartholomä ist kein Geheimtipp mehr. Dennoch haben die südlichen Gotzenberge auch ihre stille Seite, denn es gibt dort weglose Gipfel und wenig bekannte Pfade.

Hinauf in die Almlandschaft Bei der Anlegestelle Salet widersetzen wir uns gern dem Sog der Touristenströme, die nach rechts in Richtung Gasthaus wabern, und verschwinden gleich links in den Wald. Sofort kehrt die Stille ein, die für die dunklen Wälder am Königsseeufer so charakteristisch ist. Der Weg führt kurz am See entlang, bevor er sich rechts bergauf windet und als sogenannte Steinstiege und Kaunersteig die Steilwand emporkriecht.

Nach dem anstrengenden und stufenreichen ersten Teil geht es zuletzt flacher zur Regenalm und links oberhalb weiter in Richtung Gotzenalm. Mit genügend Proviant und Kondition ist nun gleich der Aufstieg aus der Rosengrube zum Hochlafeld möglich, andernfalls spaziert man erst zur Gotzenalm, stärkt sich und kehrt dann zurück. Auf etwa 1660 m Höhe verlassen wir den markierten Weg in östlicher Richtung und steigen auf geeigneter Route zunächst weglos durch den lichten Wald auf. Im Laufe des Aufstiegs werden dann Spuren sichtbar, die in Richtung Kindlerbalfen hinaufführen.

Auf dem Hochlafeld Obwohl der Pfad in Richtung Gipfel nun immer deutlicher wird, beeindruckt die Umgebung in ihrer Stille und Einsamkeit. Am karstigen Gipfelhang setzen sich die Steinmänner nicht bis zum höchsten Punkt, sondern in Richtung Frauenwand fort, wo man auf einem

VARIANTEN

Die Karten und AV-Führer verzeichnen noch einige andere Routen unterschiedlicher Qualität. Der bei der alten Kauner-Holzstube (P. 1351) abzweigende Pfad, der direkt zur Gotzenalm führt, ist teils verwachsen und unkenntlich – wenig lohnend! Interessanter ist die Pfadspur, die von der Gotzenalm direkt zur Regenalm führt, jedoch nur schwer und in umgekehrter Richtung fast gar nicht zu finden ist – ein Weg, der sich bestenfalls für sehr wegfindige Liebhaber eignet. Am Hochlafeld führt eine anspruchsvolle und beeindruckende Variante von den Hängen unterhalb des Kindlerbalfens weglos nach Norden und in unschwieriger Querung zur sogenannten Flins und zum wild-einsamen Gotzentauern. Der weitere Abstieg über dessen Nordwestflanke und (ab einer Höhe von ca. 1670 m) den Mittleren Hirschenlauf ist teilweise weglos, steil und verwachsen; sicherer ist es, zum Normalweg des Hochlafelds zurückzukehren. Sogar der längst aus allen Karten und Führern getilgte, verfallene Obere Hirschenlauf ist noch auffindbar. Auch der Abstieg über Mitterlafeld und Unterlafeld, der in alten Führern als Aufstiegsroute empfohlen wird, kommt in Betracht. Allesamt nur für geübte Bergsteiger mit besten Orientierungsfähigkeiten!

unschwierigen Steilpfad zum Hochgschirr absteigen könnte. Daher heißt es auf dem letzten Stück weglos aufsteigen, bis wir dann auf jenem eigenartigen Gipfel stehen, der strenggenommen keinen eigenen Namen trägt. Denn benannt sind ursprünglich nur die weiten Hänge des Berges, die im oberen Bereich »Hochlafeld« (früher auch »Hohes Lauffeld«), weiter unten »Mitter-« und »Unterlafeld« heißen. Der Kahlersberg beherrscht die Szenerie, aber nach Süden und Westen ist der Blick völlig frei: Das gesamte Steinerne Meer und der Watzmann liegen uns gegenüber und erzählen von unzähligen Tourenmöglichkeiten! Der Abstieg zur Gotzenalm erfolgt auf dem Aufstiegsweg. Bevor es wieder zu Tal geht, ist ein kurzer Besuch des Feuerpalfens (15 Min. ab Gotzenalm, am schönsten zum Sonnenaufgang!) fast obligatorisch. Sein Name kommt übrigens von den weithin sichtbaren Johannisfeuern, die traditionell auf ihm entzündet wurden. Als weiterer Abstieg ins Tal kann die Fahrstraße zur Gotzentalalm und im Anschluss der Reitweg hinab nach Kessel empfohlen werden – völlig unschwierige Wege, auf denen diese Rundtour durch die Gotzenberge schön ausklingt.

Das Plateau der Gotzenalm vor dem Watzmann

Seeblick beim Abstieg nach Kessel

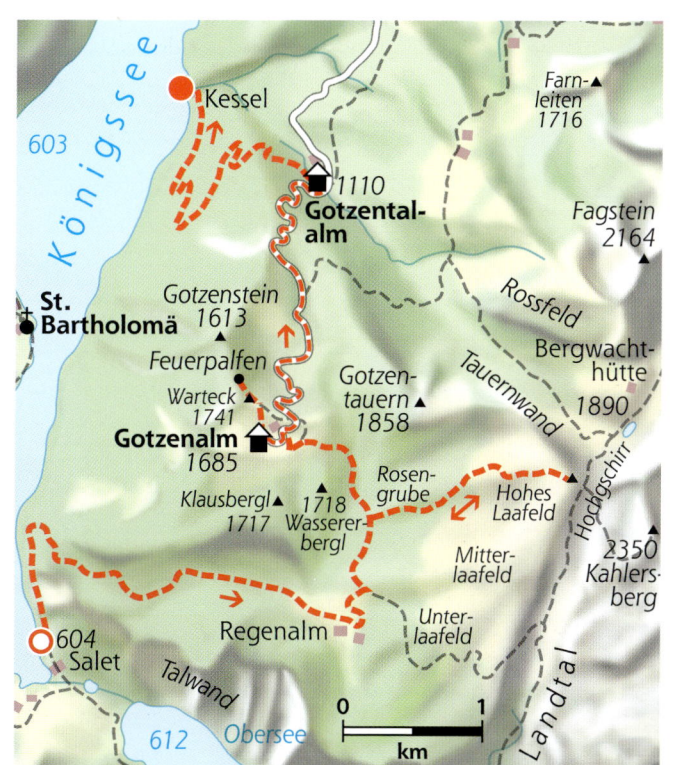

15 Der Kahlersberg und vier weitere Grenzgipfel

Eine herrliche Dreitagestour im westlichen Hagengebirge

  15 Std. je 2500 Hm

TOURENCHARAKTER

Lange, meist weglose Überschreitung, die alpine Erfahrung und gute Kondition erfordert. Die anspruchsvollste Passage der Tour ist der Abstieg vom Kahlersberg über das »Fensterl«, der weglos durch steiles Schutt- und Blockgelände führt. Vom Hochseeleinkopf bis zur Windscharte unschwierige Höhenwanderung. Sonst überall markierte Wanderwege. Ausreichend Getränke mitführen!

GIPFEL

Kahlersberg, 2350 m; Hochseeleinkopf, 2109 m; Schlumkopf, 2204 m; Windscharten-kopf, 2211 m; Schneibstein, 2276 m

TALORT

Dorf Königssee, 604 m

AUSGANGSPUNKT

Schiffsanlegestelle Kessel oder Salet, 604 m

ANFAHRT

Mit Auto oder Bus zum Königssee, weiter mit dem Schiff bis Kessel oder Salet

GEHZEITEN

Kessel – Gotzentalalm – Gotzenalm 4 Std. (alternativ: Salet – Kaunersteig – Regenalm – Gotzenalm 4 Std.), Gotzenalm – Hochgschirr 2 Std., Kahlersberg 1 Std., weiter zu: Hoch-seeleinkopf – Schlumkopf – Windscharten-kopf 2:30 Std., Schneibstein 1 Std., Stahlhaus 1–1:30 Std., Abstieg über Königsbachalm und Gotzentalalm nach Kessel 3 Std.; insgesamt rund 15 Std.

HÖHENDIFFERENZ

Insgesamt rund ↑↓ 2500 Hm

BESTE JAHRESZEIT

Juli bis Oktober

EINKEHR

Berggaststätte Gotzenalm, 1685 m. Privat-hütte, bew. von Mitte Mai bis Mitte Oktober. Tel.: 08652/69 09 00, Carl-von-Stahl-Haus (Stahlhaus), 1730 m. AV-Hütte, ganzjährig bew. (außer 24.12.). Tel.: 08652/27 52, www.carl-von-stahl-haus.com

KARTE

AV-Karte 10/2 »Hochkönig/Hagengebirge«, Ausgabe 2008 1:25 000

Kombinierbar mit Tour 11, 12, 14

Der Hochseeleinkopf ist ein Stück weit mitverantwortlich für dieses Buch. Denn es waren stille, weitgehend unbekannte Berge wie er, die in mir die Idee der »vergessenen Pfade« reifen ließen und mir zeigten, dass oftmals eben nicht die Parade-Normalwege, sondern eher unspektakuläre Schönheiten die Augen zum Leuchten bringen und für langanhaltende Freude im Alltag sorgen. Und dieser Hochseeleinkopf mit seiner wenig markanten wiesenbewachsenen Gipfelkuppe ist genau so ein Fall: Im Schatten des weitaus bekannteren und höheren Kahlersbergs stellt er eigentlich nichts weiter dar als eine von vielen Grenzerhebungen zwischen Bayern und Salzburg – eigentlich. Als einziges Tourenziel wird man ihn sich kaum erwählen, doch als Überschreitung zusammen mit seinen Nachbarn bietet sich die Möglichkeit zu einer hervorragenden und großenteils einsamen Höhenwanderung. Die »Königsetappe« dieser Unternehmung ist lang, erfordert gute Kondition und einen frühen Aufbruch. Stimmen die Rahmenbedingungen, ist bei dieser Panoramatour allerdings nicht nur Anstrengung, sondern vor allem Genuss angesagt!

Stützpunkt Gotzenalm Die Überschreitung vom Kahlersberg bis zum Schneibstein sollte am besten von der Gotzenalm aus angegangen werden. Ein idealer Hüttenzustieg ist der aussichtsreiche, unter König Max II. angelegte Reitweg von Kessel zur Gotzentalalm und weiter durch die Seeau hinauf zur Gotzen. Alternativ bietet sich auch der deutlich steilere und mühsamere Aufstieg von Salet über den Kaunersteig (vgl. Tour 14) an, aber auch vom Obersee über den Landtalsteig oder von der Wasseralm

(Tour 16) lässt sich die Gotzenalm gut über das Landtal erreichen. Wer sich abends bei der Hüttengaudi zurückhält, ist am nächsten Morgen um so frischer, wenn die große Tagesetappe über die Regenalm und den zuletzt sehr aussichtsreichen und schönen Reitweg ins Landtal beginnt. Im Landtal wird es schnell alpin und auch steiler: Wir halten uns gleich links und steigen durch den wilden oberen Teil des Hochtals noch 350 Höhenmeter hinauf, bis wir das Hochgschirr erreichen, den wichtigen Übergang zum Seeleinsee, zur Priesbergalm und zum Schneibstein. Der berühmte Gelehrte Franz von Paula Schrank berichtete schon im Jahr 1785 von diesem Pass, den er wenige Jahre zuvor als einer der ersten nichteinheimischen Bergsteiger überhaupt besucht hatte.

Steil auf den Kahlersberg Unser Gipfelweg führt uns jedoch nicht auf der anderen Seite des Hochgschirrs hinab, sondern direkt rechts (östlich) an die steilen Flanken des Kahlersbergs heran. Wie so oft im Gebirge kann man sich beim Anblick der abschüssigen Flächen vielleicht zunächst nicht vorstellen, dass dieses Gelände ohne größere Schwierigkeiten passierbar ist – aber das ist es doch! Meister

der Wegfindung und des Wegebaus waren auch hier am Werk und haben einen Durchschlupf durch das sogenannte »Mausloch« gefunden. Ein paar Drahtseile und etwas Ausgesetztheit – Schlimmeres hat der Bergsteiger hier nicht zu erdulden. Oben wird das Gelände dann überraschend flach, wir biegen um eine Kurve und finden uns auf den weiten, beruhigenden Südwesthängen des Kahlersbergs wieder. Die längst aufgelassene Kahlersbergalm befand sich genau in dieser Gegend, nur etwas weiter südlich – mit seiner Lage auf 2159 Meter Höhe war das Almgebäude das wohl höchstgelegene in den ge-

Zwei gut genährte Steinböcke kurz vor dem Wintereinbruch

Morgendlicher Ausblick vom Kahlersberg

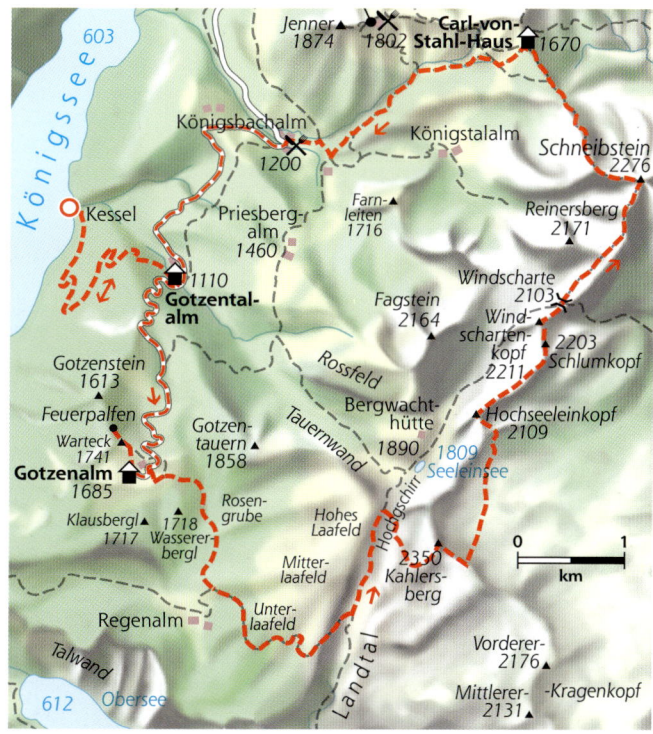

samten Königsseer Bergen. Ganz verträumt schlendern wir nun weiter, entspannt und aussichtsreich, mit etwas Glück sogar mit Blickkontakt zu Steinböcken. Und dann dauert es nicht mehr lange, bis von rechts die Aufstiegsroute über den Eisenpfad einmündet und der zweithöchste Berg des Hagengebirges erreicht ist – eine der großen Berchtesgadener Gipfelgestalten!

Die Überschreitung beginnt Vom höchsten Punkt genießen wir eine fabelhafte Rundumsicht und erspähen in den nordostseitigen Abstürzen vielleicht schon die Abstiegslinie. Dazu bietet uns eine der Scharten im Gratverlauf ein geeignetes Schlupfloch: Südöstlich wandern wir weglos den Gipfelrücken so lange hinunter, bis wir in einer Scharte, dem sogenannten »Fensterl« – oder bei Punkt 2292 östlich davon – nordseitig absteigen können. Das ist zugegebenermaßen eine Route für Bergsteiger »alter Prägung«: eine steile, weglose Schuttrinne, in der man es je nach Verhältnissen auch mit Altschneefeldern und Felspassagen zu tun hat, aber nie wirklich ins Klettergelände gerät. Trittsichere Bergsteiger werden hier zügig durchkommen! Über bizarre Felsformationen und an Latschenfeldern vorbei gehen wir dann hinüber zum Hochseeleinkopf, der sich unschwierig über seine steilen Wiesenflanken ersteigen lässt. In kürzester Zeit erleben wir das Nebeneinander von wilden Felsflanken, Schuttreißen, phantasievollen Gesteinsformationen und einzelnen Blumen auf der karstigen Hochfläche, Latschenfeldern und saftigen Wiesen. Ja, das sind sie, die bildreichen Bergmomente abseits des Trubels, fern von Seilbahn und Hüttenlärm!

Wunderschöne Höhenwanderung Und weiter geht's: Ein namenloser Kopf (P. 2132), der Schlumkopf und der Windschartenkopf lassen sich nun allesamt genussreich überschreiten, ohne dass sich ein Hindernis in den Weg stellt. Wie abgelegen und verträumt diese Landschaft ist, lässt sich auch daran erkennen, dass hier auffallend viele Gipfel- und Schartennamen nicht eindeutig festgelegt wurden – der Hochseeleinkopf heißt auch Hochsoienkopf, der Schlumkopf auch Schlunghorn, die Windscharte auch Windschnurr. Erst am Windschartenkopf ist erfahrungsgemäß wieder mit mehr Wanderpublikum zu rechnen. Nordöstlich steigen wir mit einigen Pfadspuren und Steinmän-

nern in die Windscharte ab und stehen dann wieder auf einem richtig breiten Wanderweg. Bei aller Begeisterung für das weglose Gehen – ist man nicht doch immer wieder ein wenig erleichtert, wenn man sich nicht mehr viele Gedanken über die Wegfindung machen muss? Ein letzter Aufstieg vervollständigt die Überschreitung: Gemächlich und sanft erwandern wir uns den Schneibstein, jenen letzten, äußersten Vorposten des Hagengebirges. Kommt jetzt schon Wehmut auf beim Blick zurück, mit den noch lebendigen Bildern vor Augen, Bildern einer urtümlichen Landschaft, von einem Tag des Unterwegsseins mit Sonne und Wind, von einem ganz intensiven Freiheitsgefühl vielleicht? Wir werden darüber sinnieren können, wenn uns die müden Beine zum Stahlhaus hinuntertragen.

Ob man dieses Bergerlebnis dann anderntags so »stehen lässt« und auf breiten Wegen über die Königstalalm zufrieden nach Kessel absteigt oder gleich ein neues Abenteuer beginnt, zu neuen Zielen aufbricht, bleibt jedem überlassen. Glücklich, wer vor einer solchen Wahl steht und selbst entscheiden darf!

Gipfelmomente wie aus dem Bilderbuch: Auf dem Windschartenkopf

Wilde Landschaften beim Abstieg vom »Fensterl«

Der Schneibstein im Abendlicht

Felswüsten und Blumenwiesen:
Aufstieg zum Hochseeleinkopf

16 Einsame Hüttenwanderungen im Steinernen Meer

Unterwegs zwischen Wasseralm, Wildalmkirchl und Riemannhaus

3–5 Tage   je 2700 Hm

TOURENCHARAKTER

Hochalpine, teils einsame Bergtour, oft ohne sichtbaren Weg, meist gut markiert. Je nach Route auch weglose Passagen. Besteigung von Brandhorn und Schareck wenig schwierig. Bergerfahrung, Trittsicherheit, gute Kondition und Orientierungsfähigkeit erforderlich, ausreichend Getränke mitführen! Bei der Besteigung des Wildalmkirchls oder der Schönfeldspitze lautet der Schwierigkeitsgrad »schwer«!

GIPFEL

Wildalmkirchl, 2573 m; Schareck, 2567 m u.a.

TALORT

Dorf Königssee, 604 m

AUSGANGSPUNKT

Anlegestelle Salet, 604 m

ANFAHRT

Mit Auto oder Bus zum Königssee, weiter mit dem Schiff bis Salet

GEHZEITEN

Salet – Wasseralm 3–4 Std., Schäferhütte 1:30 Std., Rosental – Hohe Salzstatt – Wildalmkirchl-Biwakschachtel 2–2:30 Std., Hochbrunnsulzen – Riemannhaus 3–3:30 Std., Hochbrunnsulzen – Brunnsulzengrat – Lange Gasse – Schäferhütte 4–5 Std., Wasseralm 1 Std., Salet 3 Std.; pro Gipfelbesteigung zusätzl. 1–3 Std.; insgesamt 3–5 Tage

HÖHENDIFFERENZ

Insgesamt ca. ↑↓ 2700 Hm, pro Gipfelbesteigung zusätzl. ↑↓ 120–400 Hm

BESTE JAHRESZEIT

Ende Juli bis Oktober

EINKEHR

Wasseralm, 1416 m. AV-Selbstversorgerhütte, im Sommer bewartet. Tel. (Sekt. BGD): 08652/22 07; Wildalmkirchl-Biwakschachtel, 2457 m. ÖTK, ganzj. geöffnet. Keine Heizund Kochmöglichkeit, kein Wasser! Riemannhaus, 2177 m. AV-Hütte, bew. Mitte Juni bis Anf. Okt. Tel.: 0043/65 82/733 00, www.riemannhaus.de

KARTE

AV-Karte 10/1 »Steinernes Meer« 1:25 000

Kombinierbar mit den Touren 1, 17–24

Während der westliche Teil des Steinernen Meers mit Wegen und Hütten gut erschlossen ist, zeigt sich der Ostteil der Hochfläche von einer raueren Seite: Nur die einfach bewartete Wasseralm und eine Biwakschachtel stehen hier als Unterkünfte zur Verfügung. Die Landschaft ist noch einsamer und liegt höher: Bis auf über 2400 Meter reicht die Felswüste hinauf, um dann in den Randgipfeln zu kulminieren. Vor allem Bergsteiger, die es stiller mögen und sich gern selbst versorgen, fühlen sich in dieser wilden Hochgebirgsumgebung wohl. Unter Einbeziehung des Riemannhauses ergibt sich die Möglichkeit zu einer Gebirgsdurchquerung von drei bis fünf Tagen.

Der Aufstieg zur Wasseralm beginnt an der Anlegestelle Salet. Ein Spazierweg führt uns zum stillen Obersee, den wir auf seiner Südseite umwandern. Von der Fischunkelalm verfolgen wir den Weg bis in den letzten Winkel des Tals und weiter über den unteren Teil der Röthwand. Bei einer Wegverzweigung auf 940 Meter Höhe geht es nun rechts zum Röthsteig weiter, der die Steilwand auf kühne Art überwindet. Nach den ausgesetzten und mit Drahtseilen gesicherten Passagen folgen schon bald flachere Waldhänge, die heutzutage in tiefer Ruhe liegen, früher jedoch intensiv genutzt wurden. Die verfallene Sonntagalm auf 1320 m beispielsweise ist nur eine von vielen ehemaligen Almen der Umgebung, und auch die

Forstwirtschaft spielte mit Holzstürzen über die Seilstattwand in dieser Gegend eine wichtige Rolle. Als 1936 auf Betreiben von Hermann Göring Steinböcke im Gebiet der Röth angesiedelt wurden, baute man sogar eine Materialseilbahn von der Fischunkel bis in die obere Röth, von der noch heute vereinzelte Überreste erhalten sind. Schließlich erreichen wir die idyllisch gelegene Wasseralm (1416 m), die nicht nur als Bergsteigerunterkunft und Enzian-Brennhütte, sondern auch als Versammlungsplatz von Hirschen bekannt ist. Das wehmütige Schreien der Tiere zur Brunftzeit ist legendär!

Auf die Hochfläche Der Weg ins Steinerne Meer führt von der Wasseralm westlich über die Wiesen und gleich nach der Diensthütte links hinauf. Steil geht es im Wald aufwärts, am Fuß des Hochecks links vorbei und in eine wilde Karren- und Latschenlandschaft hinein, in der wir ohne Pfad und Markierung hoffnungslos verloren wären. Dann folgt die türkisfarbene Perle des östlichen Steinernen Meeres: die Blaue Lache (oder Lacke), ein klei-

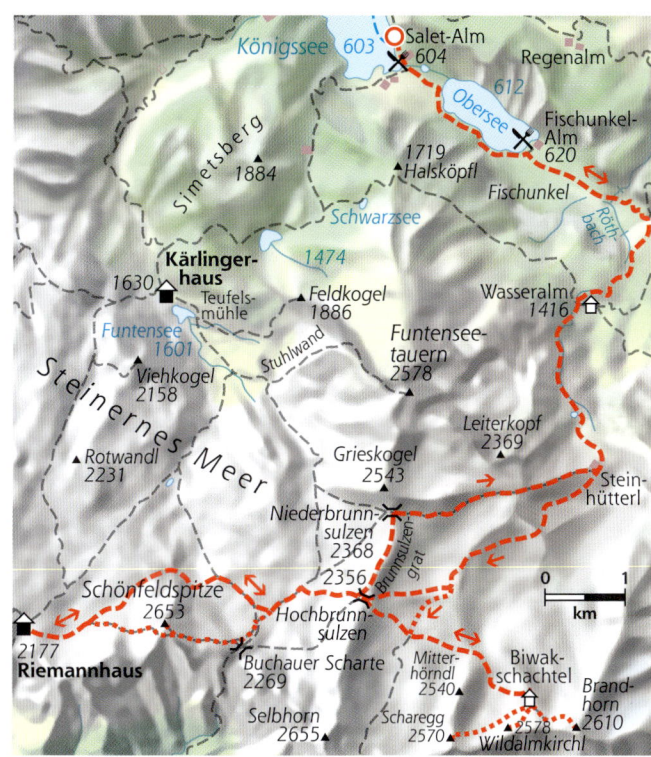

nes, idyllisches Seelein. Über glatte und höchst eindrucksvolle Felsflächen erreichen wir schließlich das Schäferhüttchen, das als Gewitter-Unterstand immer wieder wertvolle Dienste leistet. Nun treten wir in Richtung Hochbrunnsulzen ins Rosental ein, dessen Name nicht wörtlich zu nehmen ist – keine duftenden Blüten, sondern einsame Felslandschaften säumen unseren Weg durch diesen allerletzten Zipfel Bayerns. Links unterhalb befindet sich in einer großen Mulde die Wildalm, eine der tatsächlich wildesten und abgelegensten ehemaligen Almen weit und breit. Früher wurde die Wildalm von Maria Alm im Pinzgau aus bewirtschaftet – welch weiter, beschwerlicher Weg!

Wer die roten Markierungen nicht missen möchte, wandert bis zur Hochbrunnsulzen hinauf und wirft einen Blick auf die jenseitigen Gefilde, um dann gleich wieder südöstlich den Markierungen in Richtung Hochkönig zu folgen. Es lohnt sich aber auch, gleich nach der Hohen Salzstatt nicht westlich zur Hochbrunnsulzen weiterzugehen, sondern südlich oder südwestlich die Hochfläche weglos zu überqueren und auf einen Punkt etwas rechts (westlich) des Mitterhörnls zuzuhalten. Das

Der Obersee, dahinter der Hachelgrat und der Große Watzmann

markante Mitterhörnl selbst wird dann auf markierter Route umrundet, und nach wenigen Metern Abstieg folgt der Schlussaufstieg zur Biwakschachtel (2457 m).

Rund um die Biwakschachtel Erlebt man diesen Ort bei schlechtem Wetter oder abends, wird die ganze Strenge des einsa-

men Hochgebirges spürbar – die nächste bewirtschaftete Hütte und der nächste Talabstieg sind weit entfernt. Die Hochfläche ist hier am höchsten, ödes Grau beherrscht die Szenerie. Eine Übernachtung in der gemütlichen Biwakschachtel muss gut geplant werden, denn es gibt im weiteren Umkreis keine gute Quelle, höchstens Altschnee! Drei Gipfel bieten sich von hier aus an: Das Brandhorn, der dritthöchste Gipfel des Steinernen Meeres, ist über den markierten Hochkönig-Weg zu erreichen. Das Wildalmkirchl mit seiner einzigartigen Form, die »Kirche der Wildalm«, kann nur in Kletterei bestiegen werden, wobei die einfachste Route zum östlichen Eckpunkt des »Kirchdachs« und dann ausgesetzt über den Dachfirst und den Turm führt (II). Nur für absolut schwindelfreie, geübte Bergsteiger! Viel einfacher ist das Schareck, das über Pfadspuren und teilweise weglos zugänglich ist.

HINTERGRUND

Das Schareck (Scharegg) taucht in älteren Karten auch als »Scheere« oder »Hochponeck« auf, während das Mitterhörnl auch »Scheereck« hieß. Schareck, Scharegg, Scheere, Scheereck – ein Chaos der Namen als Abbild der monotonen Felswüste? Der höchste Punkt des Grates (P. 2565) zwischen Schareck und Mitterhörnl, durchaus ein eigenständiger Gipfel und vom nur zwei Meter höheren Schareck ganze sechshundert Meter Luftlinie entfernt, ist übrigens namenlos! Mein Vorschlag zur Benennung wäre »Schwarze Schneid« – vielleicht wird dieser Name dem Charakter dieses weltfernen Ortes gerecht ...

Die dritte Etappe der Gebirgsdurchquerung führt uns von der Biwakschachtel zum Riemannhaus. Der Weg ist weit, aber arm an Höhenmetern und damit bestens geeignet, die eindrucksvollen steinernen Weiten so richtig auf sich wirken zu lassen. Je nach Lust und alpiner Erfahrung können wir den Wegverlauf nun variieren: Die einfachste und schnellste Route ist der AV-Weg 401, der uns von der Biwakschachtel zurück zur Hochbrunnsulzen bringt, von dort meist in westlicher Richtung die Hochfläche überquert, am Nordfuß der Schönfeldspitze vorbeiführt und schließlich das Riemannhaus erreicht. Aber auch einzelne anspruchsvolle Abstecher zum Selbhorn (2655 m) und zur Schönfeldspitze (2653 m) oder sogar die komplette Überschreitung vom Schareck über Poneck, Selbhorn, Schönfeldspitze, Wurmkopf und Schöneck ist für geübte, ausdauernde Bergsteiger denkbar.

Der letzte »Weitwandertag« über die Hochfläche beginnt am Riemannhaus, wo unzählige Tourenmöglichkeiten offen stehen. Zu den meistaufgesuchten Zielen rund um das Haus zählen sicherlich das Breithorn (Tour 24), der Eichstätter Weg zum Ingolstädter Haus, einer der Wege zum Kärlinger Haus (Tour 22), die Höhenwanderung über Schöneck und Wurmkopf (Tour 23) und die Schönfeldspitze.
Eine eher selten gewählte und dennoch sehr schöne Alternative besteht darin, noch einmal in den stillen östlichen Teil des Steinernen Meeres zurückzukehren. Diese Unternehmung führt uns vom Riemannhaus zunächst wieder zurück zur Hochbrunnsulzen, was der Tour vor allem im ersten Morgenlicht einen sehr genussreichen und wenig anstrengenden Auftakt beschert. Der Sattel der Hochbrunnsulzen scheidet zwei längere Gratrücken voneinander: den langen Selbhorngrat rechts (südlich), dessen nördlicher Eckpfeiler (2537 m) in einer einzigen mir bekannten Karte »Silbhorn« genannt wird und in allen anderen namenlos bleibt, vom Brunnsulzengrat links.

Der Brunnsulzengrat lässt sich weglos ohne jede Schwierigkeit überschreiten und stellt ein wenig bekanntes, reizvolles Ziel dar. Von Süd nach Nord wandern wir über seine beiden grasbewachsenen Erhebungen, den Hochbrunnsulzenkopf und den Niederbrunnsulzenkopf, der nicht, wie in manchen Karten verzeichnet, mit dem noch weiter nördlichen

Grießkogel identisch ist. Die merkwürdigen Brunnsulzen-Namen hängen möglicherweise mit der im Steinernen Meer noch heute üblichen Schafweidehaltung zusammen, denn »Sulzen« sind Salzlecksteine. Es macht Spaß, in den kargen und doch so blumenreichen Bergwiesen unterwegs zu sein, aber spätestens nach dem Abstieg zur Niederbrunnsulzen empfängt uns wieder das nackte Felsgelände. Nun geht es östlich auf dem markierten Pfad in die »Lange Gasse«, und schon wenig später treffen wir wieder auf das Schäferhüttchen und unsere zwei Tage zurückliegende Aufstiegsroute. Der Abstieg zur Wasseralm ist dann wirklich ein Fest für die Augen: Vor allem im heißen Hochsommer wirkt das üppige Grün der Röth nach so vielen öden Felslandschaften wie eine Oase und der klare Bach wie ein Naturwunder! Über den steilen Röthsteig kehren wir schließlich ins Tal zurück.

Auf dem sehr ausgesetzten Dachfirst des Wildalmkirchls

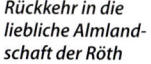

Rückkehr in die liebliche Almlandschaft der Röth

17 Durch die Saugasse zum Funtensee

Der bekannte Weg und seine verborgenen Hintergründe

3:30–4 Std. je 1080 Hm/50 Hm

TOURENCHARAKTER
Bestens ausgebauter, breiter und markierter Wanderweg. Er weist im unteren Bereich des Schrainbachs und in der Saugasse einige beschwerliche und steile Passagen auf, ist aber ohne Schwierigkeiten zu begehen.

ETAPPEN
St. Bartholomä – Schrainbachtal – Saugasse – Kärlinger Haus

TALORT
Dorf Königssee, 604 m

AUSGANGSPUNKT
St. Bartholomä, 604 m

ANFAHRT
Mit Bus oder Auto zum Königssee, weiter mit dem Schiff nach St. Bartholomä

GEHZEIT
St. Bartholomä – Saugasse – Kärlinger Haus
3:30–4 Std.; Abstieg auf gleichem Weg 3 Std.

HÖHENDIFFERENZ
St. Bartholomä – Saugasse – Kärlinger Haus
↑1080 Hm ↓50 Hm; Abstieg auf gleichem Weg ↑50 Hm ↓1080 Hm

BESTE JAHRESZEIT
Mai bis Oktober

EINKEHR
Kärlinger Haus, 1630 m, am Funtensee. AV-Hütte, bew. von Mitte/Ende Mai bis Mitte Oktober. Tel.: 08652/609 10 10, www.kaerlingerhaus.de

KARTE
AV-Karte 10/1 »Steinernes Meer« 1:25 000; Umgebungskarte »Nationalpark Berchtesgaden« 1:25 000

Kombinierbar mit Tour 1, 2, 18, 19, 20, 21, 22, 27, 29

Der Schrainbach, kurz bevor er sich in reißendes Wildwasser und zuletzt in einen Wasserfall verwandelt

Der klassische Aufstieg zum Funtensee und zum Steinernen Meer führt von St. Bartholomä durch die Saugasse. Es ist ein vielbegangener und oft beschriebener Weg, den auch ich als günstigen Zugang zur Hochfläche empfehlen möchte. Dass es auf dieser Route oft recht lebhaft zugeht, schmälert das landschaftliche Erlebnis kaum – auch wenn man den Weg schon zu kennen glaubt, sorgt er immer wieder für Spannung. Denn aufgrund seiner Bedeutung und der langen Geschichte gibt es eine Menge an Details am Wegrand zu entdecken.

Los geht's in St. Bartholomä mit einem Uferspaziergang. In südwestlicher Richtung wandern wir auf die Burgstallwand zu und überqueren den Eisbach (siehe Tipp bei Tour 2). Der Blick geradeaus hinauf zu den Ausläufern der Hachelköpfe lässt nicht erahnen, dass diese Steilflanken früher regelmäßig begangen wurden. Durch den äußerst steilen, walderfüllten Burgstallgraben, der rechts vom Burgstallkopf herunterzieht, führte einmal ein Weg! Heute, da Burgstallalm und Mausalm nur noch als fossile Namen in der Karte existieren, sind derartige Pfade natürlich längst dem Verfall anheim gegeben und nur stellenweise noch als verwachsene Spur auffindbar. Nach der Eisbachmündung führt der Weg reizvoll unmittelbar über dem Königssee an der Steilwand entlang, und wieder ahnt man nicht, was sich hier noch bis vor einigen Jahrzehnten ereignete. Exakt hier,

DIE WILDEREI

»Diese grobe Unsitte der unberechtigten und diebischen Jagd auf Wild aller Art besteht im Berchtesgadener Land schon seit alters« (A. Helm). Als eine Art alpenländisches Pendant zum Wild-West-Drama ist die Wilderei auch in den Königsseer Bergen mit legendären Persönlichkeiten und schicksalhaften Ereignissen verbunden. Gedenkkreuze wie das Jägerkreuz am Hohen Brett erinnern an erschossene Jäger oder Wilderer. Drei Pinzgauer Wilderer sind mit ihrer Geschichte in den Berchtesgadener Sagenschatz eingegangen: Sie erfroren im Jahr 1886 im östlichen Steinernen Meer im Schneesturm und sind seitdem als die »drei Eismandl« von der Wildalm bekannt. Und einmal, im Jahre 1705, wurde ein gewisser Sebastian Maltan sogar für vier Jahre auf die Galeere geschickt – er hatte wiederholt gewildert. Der letzte Todesfall im Zusammenhang mit Wilderei ereignete sich im Jahr 1947 in der Ramsau (Quelle: H. Schöner 1982), als ein Jäger beim Zusammentreffen mit einem Wilderer von diesem einen Herzschuss erhielt. Siehe zur Jagd auch den Hintergrund bei Tour 28.

in der kleinen Bucht zwischen »Strand« und Steilwand, fanden vor allem im 19. Jahrhundert mindestens alle vier Jahre sogenannte trockene Holzstürze statt. Mitunter mehrere hundert Kubikmeter Holz wurden dabei über die Burgstallwand in den See gestürzt und später nach Berchtesgaden getriftet.

Ins Schrainbachtal Bevor der nun folgende, heute so breite und unschwierige Weg direkt über dem See mittels Sprengung der Felswand abgetrotzt wurde, führte lange Zeit nur ein ausgesetzter und heikler Pfad, das sogenannte Schmalzsteigl, an der Felswand entlang. Er war so unangenehm zu begehen, ja gefürchtet, dass Bergsteiger, die vom Funtensee kommend nach St. Bartholomä wollten, oftmals lieber über die Sagereckwand (Tour

Das Kärlinger Haus am Funtensee

19) abstiegen, den alten Ostufersteig am Königssee bis zum Reitl verfolgten und dann nach Bartholomä hinüberriefen, bis sie jemand mit dem Boot abholte. Heute dagegen gleicht der Weg stellenweise einer Asphaltstraße – so ändern sich die Zeiten! Fast gänzlich in Vergessenheit geraten ist heutzutage übrigens die Tatsache, dass die Königsseeboote vor vielen Jahrzehnten auch hier am Schrainbachfall Halt machten und Fahrgäste aussteigen ließen. Der Schrainbachfall mit seinen Kaskaden und dem natürlichen Felstor ist beim Aufstieg ein Blickfang, ebenso die malerischen See-Szenarien, die der aufmerksame Wanderer beim Blick zurück gewahrt. Nach 250 Höhenmetern wird der Weg flach und führt parallel zum wild gurgelnden Schrainbach (früher auch »Schreibach«) in das Tal hinein.

Bäche und Wälder Nur wer genau hinschaut, entdeckt links den unscheinbaren Pfad, der in den Wald hinauf verschwindet, sich bald teilt und zur Salzgrabenhöhle oder alternativ nach Salet hinunterführt! Wir bleiben jedoch auf der bequemen Hauptroute und erreichen bald die Schrainbach-Holzstube, eine idyllische kleine Wiesenfläche mit dem hier noch sanft dahinfließenden Schrainbach. Er erscheint an heißen Sommertagen wie eine Oase, wie der Inbegriff nordländischen Wasserreichtums und erquicklichen Rastens. Dieser herrliche Ort ist wie so viele andere dieser Art das Überbleibsel einer heute nicht mehr bewirtschafteten Alm. Anschließend geht es durch die Hachelklause und die ebenfalls längst untergegangene Unterlahneralm durch einen kleinen Zauberwald zur Saugasse. Rechts (westlich) von ihr, in der AV-Karte gut zu erkennen, befindet sich der sogenannte »Gamssack«, ein kleines sackgassenartiges Hochtal, von senkrechten Felswänden umgeben. Bei einer Jagd fiel es sicher nicht schwer, Gämsen hier hinaufzutreiben und ihnen damit jede Fluchtmöglichkeit zu versperren – daher wohl der Name.

Nun zur Saugasse Dieser berüchtigte Taleinschnitt konnte früher nur auf einem steilen Steig mit 72 – nach einer anderen Quelle 77 – Serpentinen überwunden werden. Heute sind es je nach Anfangs- und Endpunkt der Zählung nur noch gut dreißig Kurven, die durch

das Nadelöhr zwischen Gjaidkopf und Simetsberg führen. Beim Gang durch die Saugasse kommen wir an weiteren charakteristischen Orten der Volkstradition vorbei: Der »Heiratsstein« ist ein markanter Felsen mit einer Öffnung, von dem es heißt, dass jede junge Frau, die dreimal einen Stein hineinwirft, binnen eines Jahres vor dem Traualtar steht. An einer anderen Stelle befindet sich neben dem Weg ein Kruzifix mit einer etwas dicklich ausgefallenen Christusfigur namens »foaster [feister] Herrgott«. Oberhalb der Saugasse, an der ehemaligen Oberlahneralm, mündet von rechts der von der Sigeretalm herabführende Steig ein, und endlich wird das Gelände flacher. Bis zum Kärlinger Haus haben wir keine größere Anstrengung mehr zu befürchten und können wieder mehr auf die Umgebung achten.

Der Blick schweift über eine urtümliche, wilde Gebirgslandschaft, ein scheinbar unzugängliches und unberührtes Chaos aus Felsen und Pflanzen, in das wir als Gäste auf gebahntem Weg vorübergehend eintreten dürfen. In Wirklichkeit sind die umliegenden Gegenden jedoch alles andere als vom Menschen unberührt: Auf dem Simetsberg bewirtschafteten Senner früher die gleichnamige Alm, der fürchterlich steile Bärengraben

zwischen Hirsch und Schneiber ist in alten Führern noch als Abstiegsroute beschrieben, und durch den weltfernen Gjaidgraben fahren noch heute im Frühjahr Skitouristen ab! Wir steigen nun am »Betstein« und am »Kratzer«, einer auffälligen Doppelkurve, vorbei bis zum Sattel auf, der dafür verantwortlich ist, dass in kalten Nächten die eisige Luft aus dem Funtenseekessel nicht abfließen kann und arktische Temperaturen erreicht werden. Vierzig Meter Abstieg runden den Zustieg ab – das Kärlinger Haus ist nun erreicht und damit der zentrale und ideale Stützpunkt für Touren im Steinernen Meer.

Südspitze und Mittelspitze des Großen Watzmanns

Von wegen Kältepol! Im Funtensee kann man auch Ende Oktober baden.

18

Über den Stuhljochgrat zum Funtenseetauern

Der Traumgrat am größten Bergmassiv des Steinernen Meers

  7 Std. je 1000 Hm

TOURENCHARAKTER
Der Weg auf den Funtenseetauern ist schwach markiert, oft steil und am Stuhljochgrat ziemlich ausgesetzt. Der optionale Abstieg zur Wasseralm ist teilweise nur mit Steinmännern markiert und erfordert guten Orientierungssinn. Gute Kondition, absolute Schwindelfreiheit und Trittsicherheit erforderlich, ausreichend Getränke mitführen!

GIPFEL
Funtenseetauern, 2578 m

TALORT
Dorf Königssee, 604 m

AUSGANGSPUNKT
Kärlinger Haus, 1630 m

ANFAHRT/ZUSTIEG
Mit Bus oder Auto zum Königssee, weiter mit dem Schiff nach St. Bartholomä oder Salet; Zustiege zum Kärlinger Haus: siehe Tour 17, 19, 22, 27.

GEHZEITEN
Kärlinger Haus – Stuhljoch 2:30 Std., Funtenseetauern 1 Std., Abstieg zum Kärlinger Haus oder zur Wasseralm 3 Std.; insgesamt rund 7 Std.

HÖHENDIFFERENZ
Insgesamt ↑↓ 1000 Hm, bei Abstieg zur Wasseralm zusätzlich 200 Hm

BESTE JAHRESZEIT
Juli bis Oktober

EINKEHR
Kärlinger Haus, 1630 m, am Funtensee. AV-Hütte, bew. von Mitte/Ende Mai bis Mitte Oktober. Tel.: 08652/609 10 10, www.kaerlingerhaus.de; Wasseralm, 1416 m. AV-Selbstversorgerhütte, im Sommer bewartet. Tel. (Sektion Berchtesgaden): 08652/22 07

KARTE
AV-Karte 10/1 »Steinernes Meer« 1:25 000

Kombinierbar mit Tour 16, 17, 19, 20, 21, 22, 27

Ein altes Hüttchen unweit des Funtensees, hinten der Große Hundstod

Das Steinerne Meer wurde schon oft bildhaft beschrieben: als weite Hochfläche, als zu Stein erstarrte Wellenlandschaft, als traurige Öde karstiger Weiten. Wer dort oben einmal über die endlosen Felsplatten gewandert und weglos bald hier, bald dort wie ein Entdecker durch das zerfurchte Niemandsland »gestreunt« ist, vielleicht Versteinerungen gefunden und stundenlang keinen Menschen getroffen hat, der kann sich in der Tat inspiriert fühlen, das »Meer im Gebirge« zu erkennen und mit lyrischen Worten zu beschreiben. Und dennoch ist das Steinerne Meer nicht nur felsiger Ozean, nicht nur flache Wüste – in seiner Mitte erhebt sich ein Bergmassiv, das alle anderen Plateauberge zwar nicht an Höhe, wohl aber an Mächtigkeit übertrifft und einsam über der riesigen Fläche thront: der Funtenseetauernstock. Sein höchster Punkt, der Funtenseetauern, ist der sechsthöchste Gipfel des Steinernen Meeres, eines der ganz großen Tourenziele in den Berchtesgadener Alpen und dennoch recht wenig frequentiert. Der Aufstieg über das Stuhljoch ist mühsam und führt zunächst über endlose Steilwiesen mit weidenden Schafen. Zuletzt gibt es mit dem Stuhljochgrat einen der reizendsten, aber auch kürzesten Felsgrate der Berchtesgadener Alpen.

Auftakt am Funtensee Vom Kärlinger Haus wandern wir zunächst zum Funtensee hinunter und östlich an ihm vorbei. Das Rauschen an der letzten Engstelle zwischen See und Steilflanke war den Sennern früher ungeheuer: Der Leibhaftige, so die Sage, mahle in den Tiefen des Gebirges Steine, um Silbertaler daraus zu machen und arglose Menschen damit zu verführen. Die Wissenschaft hat nicht weniger Bemerkenswertes zur Teufelsmühle zu berichten: Das Wasser, das hier aus dem Funtensee abfließt, gelangt nach Abertausenden von unterirdischen Windungen und Wirrungen schließlich in den Königssee – und braucht dazu knapp drei Stunden, wie Messungen ergeben haben. Gleich nach der Stelle mit dem verborgenen Dröhnen tref-

Unterwegs am messerscharfen Stuhljochgrat

chen Aufstieg sein. Der tiefe Sinngehalt des aus dem Mittelalter überlieferten früheren Namens des Steinernen Meeres, »Verlorene Weid«, wird angesichts der grasenden Tiere noch einmal fasslich. Unterhaltsam ist der Weg aufgrund der großartigen Aussicht zu Watzmann und Königssee ohnehin. Zuletzt führt er in die Scharte am Beginn des Stuhljochgrates. Das gleichmäßige Dahinsteigen ist dort abrupt beendet, und ein ausgesetzter Grat muss überquert werden. Trittsichere und schwindelfreie Bergsteiger können aufrecht darüberwandern und empfinden sogar Freude beim Begehen dieser markanten Linie. Doch der Genuss währt nicht lange: Schon bald stumpft die scharfe Schneide zu einem breiten Rücken ab, auf dem es dann überraschend flach und entspannt in Richtung Gipfel geht. Auffällig ist hier das reichlich vorhandene rote Gestein, das an verschiedenen Stellen im Steinernen Meer vorkommt und manchen Orten wie dem Rotwandl den Namen gegeben hat. Der höchste Punkt des Funtenseetauerns mit Gipfelkreuz und Königsseeblick ist ein besonderer Ort: Rundherum scharen sich die Gipfel des Steinernen Meeres, ja überhaupt der Berchtesgadener Alpen. Wir stehen auf einem wirklich hohen, zentralen Gipfel!

fen wir auf eine Verzweigung: Der rechts weiterführende Weg ist die »offizielle« Route auf den Funtenseetauern und verläuft in Richtung Baumgartl. Wir folgen ihm, gehen bei der nächsten Verzweigung an Punkt 1721 links (östlich) ab und bleiben bei der bald folgenden dritten Weggabelung am unteren Ende des Stuhlgrabens wiederum links (östlich).

Steile Wiesen am Stuhljoch Nun ist es mit dem beschaulichen Zustieg zur Stuhlwand vorbei: Der Pfad führt steil bergauf und überwindet in nordöstlicher Richtung die gewaltige Grasflanke, die sich über fünfhundert Höhenmeter zum Stuhljoch hinaufzieht. Im Sommer kann die Begegnung mit weidenden Schafen eine Abwechslung im beschwerli-

Hinab ins grüne Tal Die Überquerung des Stuhljochgrats erfordert natürlich auch auf dem Rückweg Achtsamkeit und einen siche-

Der flache Schlusshang zum Funtenseetauern

ren Tritt. Wenn es dann an den Abstieg über die steilen Wiesen geht, fallen wieder neue Details ins Auge, die auf dem Hinweg vielleicht übersehen wurden. Besonders faszinierend sieht der Funtenseekessel aus: Rund um den kleinen See sind zwei Baumgrenzen erkennbar, eine nach oben und eine nach unten. Die obere ist die bekannte, durch die Höhenlage bedingte Grenze. Die Baumgrenze zum See hin resultiert wahrscheinlich nicht nur aus den Kaltluftmassen mancher Nächte, die den Bäumen das Überleben erschweren, auch andere Gründe sind dafür maßgeblich, zu denen die Bodenveränderungen durch die erst 1964 eingestellte Almwirtschaft gehören. Jedenfalls ist es ein schönes und lehrreiches Erlebnis, aus der steinigen Hochgebirgslandschaft über die Grashänge wieder in den Wald hinabzusteigen, die verschiedenen Vegetationszonen zu durchqueren und zum Funtensee zurückzukehren. Wer weiß, vielleicht endet die Tour dort ja mit einem erfrischenden Bad!

Die idyllische Wasseralm ist natürlich ebenfalls ein Ziel, das man auf dem Funtenseetauern ins Auge fassen kann. Diese ehemals markierte Route führt vom Gipfel südlich hinab und dann östlich zwischen der Steinigen Grube und dem Graskopf hindurch. Letzterer ist ohne Schwierigkeiten weglos erreichbar. Über gewaltige Felsplatten und wild zerrissenes, ödes Gelände geht es dann zwischen

VARIANTEN

Rund um den Funtensee gibt es infolge der früheren almwirtschaftlichen Nutzung und auch wegen der zentralen Lage eine Vielzahl kleinerer Wege und Pfade. Kenner der Gegend wählen beim Aufstieg zum Funtenseetauern gerne zwischen diversen Wegvarianten, die in den guten topographischen Karten größenteils verzeichnet sind. Beliebt unter Einheimischen ist auch das weglose Ledererkar, im Winter oder Frühjahr vor allem als Skiabfahrt. Es ist sowohl von unten als auch von der Gipfelregion (Punkt 2512 der AV-Karte) aus leicht zugänglich und wird ab und zu als sehr abwechslungsreicher Abstieg einer Funtenseetauern-Tour genutzt. Steigt man zur Wasseralm ab, können mit dem Graskopf, dem etwas anspruchsvolleren Leiterkopf und dem Hocheck unterwegs gleich drei Erhebungen bestiegen werden. Wie immer gilt natürlich bei all diesen Unternehmungen: Wanderer, die sich mit schmalen Steigen, weglosem Blockgelände und der Orientierung schwer tun, sollten die markierten Routen auf keinen Fall verlassen!

Graskopf und Leiterkopf in den Kessel hinab, der in vielen Karten »Unsinniger Winkel« heißt. Der eigentlich »unsinnige« oder »unsünnige«, also sonnenlose Winkel ist jedoch die steile nordöstliche Rinne direkt zwischen Funtenseetauern und Graskopf. Auch sie wird ab und zu begangen, was jedoch aufgrund ihrer Steilheit und Vereisung einer Hochtour gleichkommt. Zuletzt führt der teilweise schlecht erkennbare Steindaubenweg an den Wänden des Hochecks vorbei und mündet in den Weg zwischen der Blauen Lacke und der Wasseralm (siehe Tour 16).

Der Funtenseekessel aus der Bergsteiger-Perspektive

19 Über die Sagereckwand zum Funtensee

Der klassische Steilaufstieg aufs Steinerne Meer

4 Std.   1270 Hm/240 Hm

TOURENCHARAKTER
Durchgehend markierter, alpiner und teilweise felsiger Steig, dessen anspruchsvollste Stellen im Steilgelände der Sagereckwand liegen. Stellenweise drahtseilgesichert und steil. Ansonsten ohne nennenswerte Schwierigkeiten. Sagereckwand im Abstieg wegen der Steilheit eventuell unangenehm, bei Nässe heikel. Trittsicherheit erforderlich.

ETAPPEN
Salet – Sagereckwand – Grünsee – Kärlinger Haus (– Feldkogel – Kärlinger Haus)

TALORT
Dorf Königssee, 604 m

AUSGANGSPUNKT
Anlegestelle Salet, 604 m

ANFAHRT
Mit Auto oder Bus zum Königssee, weiter mit dem Schiff bis Salet

GEHZEITEN
Salet – Sagereckwand – Grünsee 2–3 Std. – durch die Zirmau zum Kärlinger Haus 1–1:30 Std.; insgesamt rund 4 Std. (Feldkogel hin und zurück 1:30–2 Std.)

HÖHENDIFFERENZ
Insgesamt ↑1270 Hm ↓240 Hm (Feldkogel hin und zurück zusätzlich ↑↓ 310 Hm)

BESTE JAHRESZEIT
Ende Mai bis Oktober

EINKEHR
Kärlinger Haus, 1630 m, am Funtensee. AV-Hütte, bew. von Mitte/Ende Mai bis Mitte Oktober. Tel.: 08652/609 10 10, www.kaerlingerhaus.de

KARTE
AV-Karte 10/1 »Steinernes Meer« 1:25 000

Kombinierbar mit Tour 1, 17, 18, 20, 21, 22, 27

Der Aufstieg von St. Bartholomä über die Saugasse zum Kärlinger Haus (Tour 17) ist mit Sicherheit einer der meistbegangenen Wanderwege rund um den Königssee. Und wo immer es eine so gut frequentierte und breit ausgebaute Hauptroute gibt, kann man die Frage stellen, ob nicht auch stillere Alternativen existieren. Meist findet man welche – so auch hier, wo mit dem Steig durch die Sagereckwand eine interessante Aufstiegsmöglichkeit besteht. Wer sich von ihrer Steilheit und dem alpinen Charakter nicht abschrecken lässt, wird an dieser aussichtsreichen Route sicherlich Gefallen finden.

Die Sagereckwand Von der Anlegestelle Salet am südlichen Ende des Königssees geht es am Gasthaus vorbei, nach dem Saletbach rechts ab und entlang den Almen in Richtung Sagereckwand. Der Steig führt nun steil und mehrmals mit herrlichen Königssee-Ausblicken nach oben. Vereinzelt helfen Drahtseilsicherungen über besonders abschüssige Passagen hinweg, doch im Großen und Ganzen ist der Aufstieg für geübte Bergwanderer deutlich einfacher, als es der Blick vom Schiff auf die Steilwand vermuten lässt. Auf einer Höhe von rund 1300 Metern wird das Gelände schließlich flacher, und bald folgt die kleine Mulde der längst aufgegebenen Sagereckalm. Der Weg, der schon Mitte des 19. Jahrhunderts eine beliebte Aufstiegsroute von Norden auf das Steinerne Meer darstellte, bog einstmals an der Sagereckalm links (östlich) ab und setzte sich in einem großen Bogen über die Halsgrube und den Schwarzsee fort. Auch Hermann von Barth, der große »Erschließer« der Nördlichen Kalkalpen, stieg auf diese Weise vom Königssee herauf, um dann auf der Hochfläche Gipfelziele wie die Schönfeldspitze anzusteuern. Heute ist der Weg in die Halsgrube allerdings längst zur Bedeutungslosigkeit herabgesunken und bestenfalls noch als Pfadspur vorhanden.

Grünsee und Funtensee Stattdessen geht es von der Sagereckalm geradeaus weiter, bis auf 1525 Meter Höhe von links der Schwarzseeweg einmündet. Nun wandert man, der Beschilderung in Richtung Kärlinger Haus

Ausblick zur Saletalm

Ein kurzes und einfaches Wanderziel im Umkreis des Kärlinger Hauses, das sich bei guten Verhältnissen immer lohnt, ist der Feldkogel östlich des Funtensees. Von der Hütte aus wandert man hierfür zum See hinab, an diesem vorbei und hält sich bei der Wegteilung am östlichen Ufer links. Unschwierig erreicht man nun auf dem bezeichneten Weg den knapp dreihundert Meter höheren Feldkogel, der kein eigenständiger Gipfel, wohl aber ein sehr schöner Aussichtspunkt ist. Hier schaut man direkt von oben in die erwähnte Steilwand hinein, durch die früher die Bergsteiger vom Grünsee heraufstiegen. Der benachbarte Glunkerer ist etwas höher und vom Feldkogel aus weglos zu besteigen.

folgend, in westlicher Richtung zum wunderschönen Grünsee hinab und passiert abermals einen früher wichtigen Wegabzweig: Südlich des Grünsees führte einst – und in Spuren noch heute – ein Pfad vorbei und an den Felswänden entlang, bevor er sich direkt über die Steilwand zum Feldkogel hinaufschwang. Heutzutage sind jedoch andere Routen prädestiniert, die Besucherströme zu bündeln, sie stehen den vergessenen Pfaden an landschaftlicher Schönheit meist in nichts nach. Westlich steigen wir aus dem Grünseekessel über viele Stufen durch die Grünseeau hinauf zur Zirmau. Der so gut wie nie in der Literatur erwähnte Simetsberg bleibt rechts liegen, und

schon ist es nur mehr ein Katzensprung bis zum Funtensee. Von rechts kommt der breite Saugassenweg herauf, und gemeinsam geht's leicht absteigend zum Kärlinger Haus und damit zu einem idealen Stützpunkt für Touren auf der Hochfläche.

Für den Abstieg zum Königssee ist wegen der Steilheit der Sagereckwand je nach Geschmack dann doch der Weg durch die Saugasse vorzuziehen.

Der Steig durch die Sagereckwand bietet herrliche Tiefblicke zum Königssee

20 Brandenberg und Schottmalhorn

Zwei Felsberge voller Gegensätze

5–6 Std.   je 800 Hm

TOURENCHARAKTER
Bis zum Toten Weib markierter Wanderweg, danach weglose, unschwierige Besteigung des Brandenbergs, die ein Mindestmaß an Orientierungsvermögen und Trittsicherheit erfordert, ebenso der Weiterweg in Richtung Schottmalhorn. Die Besteigung des Schottmalhorns ist dagegen eine kurze Klettertour im I. und II. Grad, die erfahrene und schwindelfreie Bergsteiger seilfrei durchführen können und auch sicher wieder abklettern müssen. Abstieg zum Kärlinger Haus zunächst weglos, dann wieder auf Wanderweg. Ohne die Besteigung des Schottmalhorns ist diese Tour deutlich weniger schwierig.

GIPFEL
Brandenberg, 2302 m; Schottmalhorn, 2232 m

TALORT
Dorf Königssee, 604 m

AUSGANGSPUNKT
Kärlinger Haus, 1630 m

ANFAHRT/ZUSTIEG
Mit Auto oder Bus zum Königssee, weiter mit dem Schiff bis St. Bartholomä oder Salet. Zustieg zum Kärlinger Haus siehe Tour 17, 19, 22, 27

GEHZEITEN
Kärlinger Haus – Totes Weib 1:30 Std., Brandenberg 1 Std., Schottmalhorn 1–1:30 Std. – Kärlinger Haus 1:30–2 Std.; insgesamt rund 5–6 Std.

HÖHENDIFFERENZ
Insgesamt ↑↓ 800 Hm

BESTE JAHRESZEIT
Juli bis Oktober

EINKEHR
Kärlinger Haus, 1630 m. AV-Hütte, bew. von Mitte/Ende Mai bis Mitte Oktober. Tel.: 08652/609 10 10, www.kaerlingerhaus.de

KARTE
AV-Karte 10/1 »Steinernes Meer« 1:25 000

Kombinierbar mit Tour 16, 17, 18, 19, 21, 22, 27

Der flache Kegel des Brandenbergs, dahinter die Schönfeldspitze

Dieses Panorama gehört zu den klassischen Ansichten im Steinernen Meer: Der Funtenseekessel, gesehen von der Sonnenterrasse des Kärlinger Hauses, eingebettet in ein Hochgebirgs-Amphitheater, das kontrastreich zwischen lieblichen Almenlandschaften am See und felsig-düsteren Bergformen changiert. Der zentrale Blickfang in dieser Szenerie ist sicherlich das Schottmalhorn, das als schlankes Felshorn über der kühlen Mulde des Funtensees thront und mit dem Wildalmkirchl (Tour 16) um den Titel des technisch schwierigsten Berges im Steinernen Meer wetteifert. Zusammen mit seinem noch etwas stilleren und weniger bekannten Nachbarn, dem unscheinbaren Brandenberg, ergibt sich die Möglichkeit zu einer wunderschönen Halbtagestour voller Gegensätze.

Totes Weib und Brandenberg Als Stützpunkt für diese Unternehmung bietet sich das Kärlinger Haus an, das am besten vom Königssee oder von einer anderen Hütte aus zu erreichen ist. Der geruhsame Auftakt führt uns vom Haus zum See hinab, an dessen östlicher Seite entlang und dann weiter in Richtung Baumgartl. Im unteren Baumgartl biegen wir links ab und folgen dem Weg in Richtung Niederbrunnsulzen und Totes Weib. Der Abzweig hinauf zum Funtenseetauern bleibt links liegen, während wir im Stuhlgraben aufsteigen und am sogenannten Toten Weib, einem Gedenkstein für eine im Jahr 1631 hier verstorbene Frau Gründtner, die bayerisch-österreichische Grenze erreichen. Die wenig ausgeprägte, flächenmäßig je-

doch riesige Gipfelkuppe des Brandenbergs liegt nun genau in südwestlicher Richtung, und es wird Zeit, dass wir uns von den roten Markierungen verabschieden und selbstständig eine günstige Route suchen. Der eigenen Wegfindung sind nun wieder einmal fast keine Grenzen gesetzt – über bizarre Felsplatten, Wasserrillen, kleine Grate und Schluchten geht es nun unschwierig und je nach Route ohne Kletterei aufwärts, bis wir den unscheinbaren Gipfel (2302 m) erreichen.

Ist es nicht herrlich, auf einem unbekannten und doch so typischen Berg des Steinernen Meeres zu stehen? Auf einem Berg, dessen Name sich vor ein paar Jahrzehnten geändert hat – früher hieß er »Schottmal« –, der in vielen Karten gar nicht als eigenständiger Gipfel auftaucht und vielleicht in manchem Winter mehr Besucher erlebt als in der Sommersaison? Gewiss, das Gipfelerlebnis mag weniger spektakulär sein als auf dem Hundstod oder der Schönfeldspitze, doch wer ein großartiges, einsames Naturerlebnis sucht, ist hier goldrichtig. Beim Abstieg ist die Orientierung einfach, da wir nun den nördlich gelegenen Spitz des niedrigeren Schottmalhorns anpeilen. Bis

unmittelbar an seinen südlichen Fuß wandern wir hinab – und stehen dann plötzlich vor Steilfels! Ganz im Gegensatz zum behäbigen, breiten Brandenberg ist das Schottmalhorn nämlich nur in Kletterei zu erreichen.

Die einfachste Route führt vom Sattel zwischen Schottmalhorn und Brandenberg auf der Südseite hinauf und bewegt sich im I. und II. Schwierigkeitsgrad. Klettererfahrung und absolute Schwindelfreiheit sind hier natürlich Pflicht. Am flachen Gipfelgrat oben erwartet uns dann ein sensationeller Tiefblick zum Funtensee. Einmal stand ich im Sommer oben und stellte beim Blick ins Gipfelbuch überrascht fest, dass der letzte Eintrag bereits acht Monate alt war. Momente wie dieser sagen vielleicht mehr über diesen tausendfach gesehenen und doch so selten bestiegenen Berg aus als viele Worte und Bilder. Konzentriert klettern wir dann über den festen Fels wieder hinab, queren vom Sattel zwischen Schottmalhorn und Brandenberg an geeigneter Stelle ostwärts hinunter und erreichen bald wieder den markierten Weg. Der Rückmarsch zum Kärlinger Haus ist Formsache, das kühle Nass wartet!

Luftiger Steilaufstieg zum Schottmalhorn

21 Rotwandl und Viehkogel

Zwei »kleine« Gipfel des Steinernen Meers

5 Std. · je 800 Hm

TOURENCHARAKTER
Rundtour mit vielen weglosen Passagen, die Trittsicherheit, alpine Erfahrung und eine gute Orientierungsgabe erfordert. Bis oberhalb der Baumgartlhöhe markierter Weg, dann weglose Besteigung des Rotwandls, je nach Route eventuell mit leichten Kraxelstellen (I). Vom Rotwandl nordseitiger Abstieg über steile Wiesen, unschwierig und weglos zum Viehkogel, dort wieder markierter Weg. Hinweis: Die Schwierigkeitsbewertung dieser Tour tendiert zu »schwer«. Vertrautheit mit weglosem Gelände sollte bei einer Begehung unbedingt vorhanden sein.

GIPFEL
Rotwandl, 2231 m; Viehkogel, 2158 m

TALORT
Dorf Königssee, 604 m

AUSGANGSPUNKT
Kärlinger Haus, 1630 m

ANFAHRT/ZUSTIEG
Mit Bus oder Auto zum Königssee, weiter mit dem Schiff nach St. Bartholomä oder Salet. Zustieg zum Kärlinger Haus siehe Tour 17, 19, 22, 27

GEHZEITEN
Kärlinger Haus – Baumgartl – Rotwandl 2 Std., Viehkogel 1:30 Std., Kärlinger Haus 1:30 Std.; insgesamt 5 Std.

HÖHENDIFFERENZ
Insgesamt rund ↑↓ 800 Hm

BESTE JAHRESZEIT
Ende Juni bis Oktober

EINKEHR
Kärlinger Haus, 1630 m, am Funtensee. AV-Hütte, bewirtschaftet von Ende Mai bis Mitte Oktober. Tel.: 08652/609 10 10, www.kaerlingerhaus.de

KARTE
AV-Karte 10/1 »Steinernes Meer« 1:25 000

Kombinierbar mit Tour 16, 17, 18, 19, 20, 22, 23, 27

Die Hochfläche des Steinernen Meeres und die Schönfeldspitze

Was für die Berchtesgadener Alpen im Allgemeinen gilt, trifft auch auf das Steinerne Meer im Speziellen zu: Drei, vier besonders markante Berge prägen das Gesamtbild, und die Zahl der gemeinhin empfohlenen und nachgewanderten Touren ist überschaubar. Als Repräsentanten des Steinernen Meeres gelten vor allem Schönfeldspitze und Hundstod, Sommerstein und Breithorn, Funtensee und Grünsee sowie die drei bewirtschafteten Alpenvereinshütten der Hochfläche. Zu Recht: Schließlich sind diese Gipfelziele und die Dreieckswanderung zwischen Kärlinger, Ingolstädter und Riemannhaus landschaftlich herausragend schön. Aber dann sind da eben noch die »untergeordneten« Gipfel, die zweit- oder sogar nur drittrangigen Erhebungen abseits der Wege, die oft nicht wahrgenommen werden und nur dem geübten Auge auffallen. Einen dieser wenig bekannten Berge, das Rotwandl, möchte ich in Kombination mit einem bekannten Wanderziel, dem Viehkogel, auf ungewöhnlichen Routen als Rundtour vorstellen.

Aufstieg durch die Vegetationszonen Mit dem Kärlinger Haus als zweifachem Übernachtungsstützpunkt lässt sich diese Unternehmung als lockere Tagestour mit ausgedehnten Pausen angehen. Konditionsstarke Wanderer können natürlich noch eine Etappe dranhängen, etwa hinauf zum Ingolstädter Haus, oder zum Königssee absteigen. Die Wanderung beginnt am besten frühmorgens am Kärlinger Haus. Auf dem markierten Wanderweg in Richtung Riemannhaus spazieren wir zunächst zum Fun-

tensee hinunter, an diesem vorbei und dann rechts haltend zum Baumgartl hinauf. Das zunächst saftige Grün des Funtenseekessels weicht mehr und mehr einem kargeren Bewuchs, und auch die Bäume verlieren sich schließlich zugunsten einer Vegetation aus Gras und Latschen. Die grauen Felsflecken treten zunächst vereinzelt hervor, dehnen sich mehr und mehr aus und bilden schließlich eine großflächige Karstlandschaft. Zur höchst wechselvollen Waldgeschichte des Steinernen Meeres wurden übrigens schon Anfang der 1960er-Jahre von Hannes Mayer umfassende Erkenntnisse gewonnen, der unter anderem in einer kleinen Mulde auf 1720 Meter Höhe nahe dem Weg eine Pollenmessung durchführte.

Weglos aufs Rotwandl Bei der Wegverzweigung auf 1949 Meter Höhe bleiben wir rechts und halten schon bald Ausschau nach einer guten Möglichkeit, weglos zum Rotwandl hinüberzugehen. Wegfindigkeit und »Pioniergeist« dürfen sich hier austoben – wir suchen uns die günstigste Route durch das Gewirr aus Karrenformationen, kleinen Schluchten, grasigen Bändern und Felsrippen. Ohne grö-

ßere Schwierigkeiten, bestenfalls in leichter Genusskletterei erreichen wir von Osten her das Gipfelplateau des Rotwandls. Und dann ist das Staunen groß! Inmitten dieses im wahrsten Sinne des Wortes Steinernen Meeres schwimmt das Rotwandl wie eine grüne Insel. Wiesen krönen sein flaches Haupt, und wer nicht zu spät im Jahr kommt, darf den Begriff »Blumenwiese« vielleicht sogar neu für sich definieren. Kaum zu fassen, dass der AV-Führer diesen einsamen und aussichtsreichen Plateauberg allen Ernstes als »wenig loh-

Am Gipfel des Viehkogels

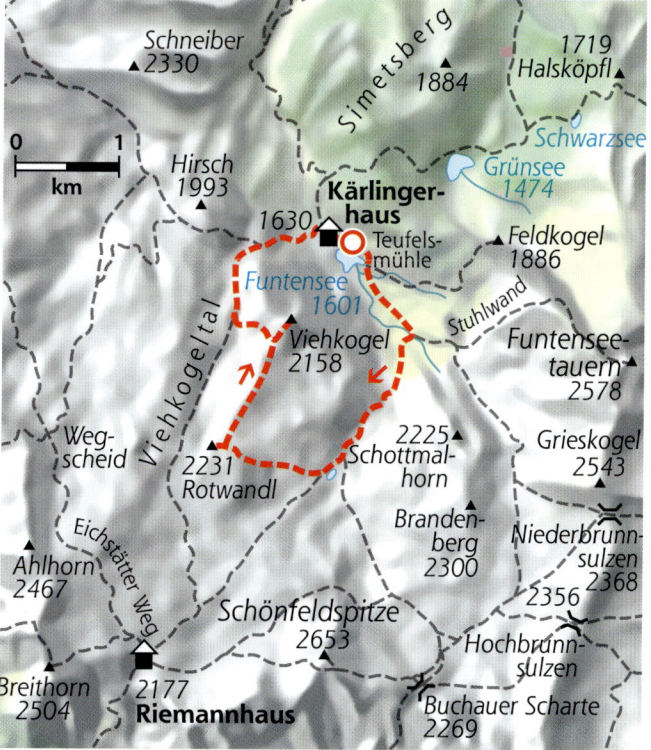

VARIANTE

Neben dem markierten Wanderweg, der vom Viehkogel zum Kärlinger Haus hinunterführt, besteht eine interessante Abstiegsalternative zum Funtensee. Man geht dazu vom Gipfel zunächst wieder den steilen Südwesthang hinab und dann aus der Viehkogelnieder südöstlich durch eine Schafgasse teils weglos ins Baumgartl zurück (vgl. AV-Karte). Die Schafgasse hieß früher übrigens auch »Staubgasse« – wohl wegen des Blütenstaubs der vielen Latschen, mit dem man beim Hindurchgehen bestäubt wurde. Gebietskenner und Extremskifahrer benutzen noch eine dritte Route, die ich an dieser Stelle explizit nicht empfehlen, sondern nur erwähnen will: Vom Gipfel des Viehkogels wird mitunter auch direkt nordöstlich extrem steil in Richtung Funtensee abgestiegen – oder im Winter mit Ski abgefahren –, wobei man den Steilabstürzen der Viehkogel-Ostflanke nördlich ausweicht und erst viel weiter unten mit einer Querung nach Osten den Funtenseekessel erreicht – schwierig!

der Blick, der uns taumeln lässt und jäh zum Funtensee hinabziehen möchte, wenn wir am Rand der Gipfelwiese stehen! Der liebliche Ort bricht in verderbliche Steilflanken ab. Aber wie lohnend ist auch das Bild der versammelten Prominenz von Watzmann, Schönfeldspitze, Hundstod! Eine richtige Ehrenloge über der weiten Hochfläche also, dieser Viehkogel, und das auf nur bescheidenen 2158 Metern Höhe.

Der Viehkogel bietet atemberaubende Tiefblicke zum Funtensee

nend« abtut – Absicht mit Hintergedanken oder schlichtweg ein Irrtum?

Freie Sicht vom Viehkogel Bald hat uns jedoch die Hochfläche wieder. Der einfachste Abstieg führt uns auf der Nordseite über steiles Gras und Felsen von der Hochfläche hinab ins altbekannte Gewirr aus Felsstrukturen, Geröllflächen, Latschen und Wiesenflecken. Wieder dürfen wir nun unsere Route selbst bestimmen, ein wenig »Entdecker« sein, Ausschau halten. Wer jetzt schon genug hat vom weglosen Gelände und auf den zweiten Gipfel verzichten kann, steigt gleich ins Viehkogeltal bis zu den Markierungen ab und setzt die Wanderung entweder nach Norden zum Kärlinger Haus oder nach Süden zum Riemannhaus (Tour 22) fort. Andernfalls überqueren wir in nördlicher Richtung mit wenig Höhenunterschied die »Stang« in Richtung Viehkogel, bis wir nach einem kurzen Abstieg die Viehkogelnieder mitsamt dem markierten Weg erreichen. Ohne jedes felsige oder latschenartige Hindernis können wir nun diesen schönen Inselberg über seine steile Südwestseite besteigen. Wie überraschend ist dann

Wilde Landschaften zwischen Rotwandl und Viehkogel

Zurück zum kühlen See Auf dem Rückweg ist nach dem steilen Gipfelhang schon das unangenehmste Stück überwunden. Bei der Jagdhütte (1889 m) biegt der Weg ins Viehkogeltal ein, bevor es dann über Geröll hinabgeht und links der vom Ingolstädter Haus kommende Pfad einmündet. Genüsslich tauchen wir wieder ein in die wasserreiche, kühle Mulde des Funtensees, die schon so vielen Bergsteigern Erholung und Freude war.

Die Watzmann-gruppe: Südspitze, Mittelspitze, Kinder und Frau (v.l.n.r.)

Zwei Wege durchs Steinerne Meer
Ein beeindruckendes Wandererlebnis abseits des Trubels

7 Std.   je 850 Hm

TOURENCHARAKTER
Der gesamte Wegverlauf ist markiert. Im Viehkogeltal und beim Abstieg von der Wegscheid sind die Markierungen nicht immer gut erkennbar. In den tieferen Lagen führt die Route über gut befestigte Wanderwege; auf der felsigen Hochfläche ist oftmals kein Pfad vorhanden, nur Markierungen und Steindauben weisen die Richtung. Trittsicherheit erforderlich, bei Nebel und Dunkelheit sehr schwierige Orientierung!

ETAPPEN
Kärlinger Haus, 1630 m – Viehkogeltal – Riemannhaus, 2177 m – Eichstätter Weg – Wegscheid, 2150 m – Zirbenmarterl, 1975 m – Hirschentörl, 1885 m – Kärlinger Haus

TALORT
Dorf Königssee, 604 m

AUSGANGSPUNKT
Kärlinger Haus, 1630 m

ANFAHRT/ZUSTIEG
Mit Bus oder Auto zum Königssee, weiter mit dem Schiff nach St. Bartholomä oder Salet. Zustieg zum Kärlinger Haus siehe Tour 17, 19, 22, 27

GEHZEITEN
Kärlinger Haus – Viehkogeltal – Riemannhaus 3 Std., Wegscheid 1:30 Std., Zirbenmarterl – Hirschentörl 1:30–2 Std., Kärlinger Haus 0:45 Std.; insgesamt rund 7 Std.

HÖHENDIFFERENZ
Insgesamt ↑↓ 850 Hm

BESTE JAHRESZEIT
Juli bis Oktober

EINKEHR
Riemannhaus, 2177 m. AV-Hütte, bew. Mitte Juni bis Anfang Oktober. Tel.: 0043/65 82/733 00, www.riemannhaus.de

KARTE
AV-Karte 10/1 »Steinernes Meer« 1:25 000

Kombinierbar mit den Touren 16–27

Die Route führt durch bizarre Felslandschaften

In diesem Tourentipp möchte ich eine Rundwanderung im Steinernen Meer vorstellen, die das markierte Wegenetz nicht verlässt und keinen Gipfel beinhaltet. Langweilig? Mitnichten, denn das ungestörte Unterwegssein in einer höchst beeindruckenden Landschaft und auf wenig begangenen Wegen kann für sich schon so erfüllend sein, dass der Gipfelhandschlag ruhig einmal ausfallen darf. Stützpunkt und Ausgangspunkt der Tour ist das Kärlinger Haus am Funtensee.

Die ersten Höhenmeter Westwärts steigen wir aus der grünen Mulde empor und lassen auf 1759 Meter Höhe den Weg zum Ingolstädter Haus rechts abzweigen, während wir linkshaltend direkt unter den atemberaubenden Felsüberhängen vorbeiziehen. Um diese Ausläufer des Viehkogels geht es herum, bis sich in südlicher Richtung das Viehkogeltal öffnet. Bei der Viehkogel-Jagdhütte (1889 m) würde es links (östlich) zum namensgleichen Gipfel hinaufgehen, unsere Wanderung führt uns jedoch von der Hütte immer geradeaus in südsüdwestlicher Richtung durchs Viehkogeltal. Spätestens von hier an steigen die Chancen rapide, in dieser wilden Landschaft allein unterwegs zu sein.

Durchs einsame Viehkogeltal Während sich rechterhand die völlig unbekannten und auch wenig ausgeprägten Schnittlauchköpfe vom Äulkopf ausgehend nach Süden immer weiter auftürmen, rückt linkerhand bald eine Erhebung ins Blickfeld, die als grasbewachsener »Tafelberg« inmitten der Felswüste auffällt: das Rotwandl (Tour 21). Sobald wir seine rötlichen Wände passiert haben, schwenkt die Route leicht nach links und bringt uns in den Genuss einer bizarren Landschaft, wie sie selbst im Steinernen Meer nicht oft anzutreffen ist. Ramseider Birg heißt diese Gegend, in der uns blaue Farbtupfer über riesige Felsplatten, mal spiegelglatt, mal wild zerfurcht, und durch allerlei wüst geformtes Steingelände lotsen. Ein großes Erlebnis, das allerdings bei Nebel oder Vereisung gemieden wer-

den sollte! Schließlich mündet von links der Weg vom Kärlinger Haus aus dem Baumgartl ein, und wenig später erreichen wir das Riemannhaus, das etwa auf halber Strecke der heutigen Rundtour liegt und sich daher für eine Einkehr anbietet.

Der Traumweg über die Hochfläche Der Rückweg zum Kärlinger Haus holt etwas weiter nach Westen aus: Wir folgen dem markierten Eichstätter Weg in Richtung Ingolstädter Haus. An der Äulhöhe, bis zu der wir noch einmal rund 150 Höhenmeter im Aufstieg zu überwinden haben, ist der höchste Punkt der Wanderung erreicht – nun heißt es gemütlich absteigen mit noch mehr Luft zum Schauen! Unter den Ostwänden des Achselhorns wandern wir nach Norden und gelangen bald zur Wegscheid: Links geht es in wenigen Minuten zur Weißbachlscharte hinauf, geradeaus führt der Eichstätter Weg zum Ingolstädter Haus, wir aber biegen rechts ab und spazieren über die Hochfläche (»Saalfelder Birg«) auf den Schneiber zu. Unterwegs passieren wir das »Zirbenmarterl«, das in allen Karten auf 1950 Meter Höhe links des Weges eingetragen ist; doch schon vorher, auf knapp 1980 Meter, befindet sich an der ersten Zirbe etwas abseits rechts des Weges ein Bildstock. Bald darauf können wir an einer undeutlichen Wegverzweigung wählen: Links geht es mit schwachen Markierungen zur alten Schönbichlalm, rechts auf besser markiertem Steig durchs Äultal zum Hirschentörl. Beide Varianten münden in den vielbegangenen Weg, der vom Ingolstädter Haus zum Funtensee hinunterführt (vgl. Tour 27). Auf ihm sind wir in weniger als einer Stunde wieder beim Kärlinger Haus – der Kreis schließt sich.

Oberflächlicher »Genuss«? Nein, tiefes Empfinden und eine stille Freude ...

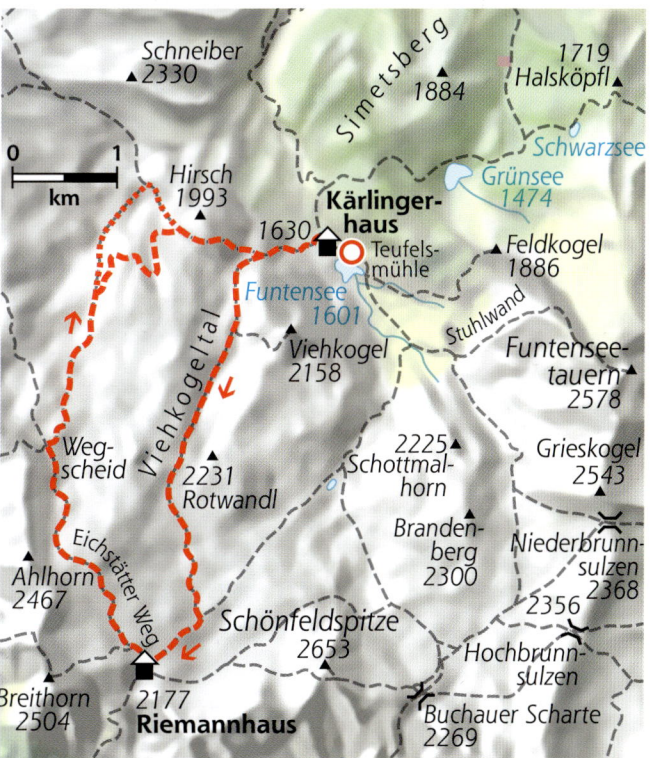

23 Schöneck-Südgrat und Wurmkopf

Ein wenig bekannter Steilaufstieg auf das Steinerne Meer

● 🕐 7–8 Std. ⛰ je 1500 Hm

TOURENCHARAKTER

Lange, landschaftlich großartige Tour. Der Aufstieg zum Schöneck verläuft meist als schwache Pfadspur; teilweise sehr steil und etwas heikel (Rutschgefahr), einzelne leichte Kletterstellen (I). Nur für sehr geübte Geher, für den Abstieg nicht geeignet! Die Wanderung über Schöneck, Wurmkopf und zum Riemannhaus ist markiert, allerdings felsig und alpin. Schönfeldspitze ausgesetzt und anspruchsvoll (I)! Abstieg vom Riemannhaus über den Ramseider Steig gut gesichert, Schwindelfreiheit wichtig.

GIPFEL

Schöneck, 2389 m; Streichenbeil, 2412 m; Wurmkopf, 2451 m; (Schönfeldspitze, 2653 m; Sommerstein, 2308 m)

TALORT

Maria Alm, 802 m

AUSGANGSPUNKT

Wanderparkplatz in der Stabler Au oberhalb von Maria Alm, 1160 m

ANFAHRT

Mit dem Auto von der Deutschen Alpenstraße oder Bad Reichenhall über Lofer und Saalfelden. Mit öffentlichen Verkehrsmitteln schwer zu erreichen

GEHZEITEN

Stabler Au – Glemmeralm – Schöneck 3–4 Std., über Streichenbeil zum Wurmkopf 0:30 Std., über Wurmscharte oder Schöneck zum Riemannhaus 1 Std., über Ramseider Steig zurück zum Parkplatz 2–2:30 Std.; insgesamt 7–8 Std. (Schönfeldspitze zusätzlich 1:30–2 Std., Sommerstein 0:40 Std.)

HÖHENDIFFERENZ

Insgesamt knapp ↑↓ 1500 Hm (Schönfeldspitze zusätzlich ↑↓ 350 Hm, Sommerstein ↑↓ 120 Hm)

BESTE JAHRESZEIT

Juli bis Oktober

EINKEHR

Riemannhaus, 2177 m. AV-Hütte, bew. Mitte Juni bis Anfang Oktober. Tel.: 0043/65 82/733 00, www.riemannhaus.de

KARTE

AV-Karte 10/1 »Steinernes Meer« 1:25 000

Kombinierbar mit Tour 16, 21, 22, 24

Die schnellste Möglichkeit, zur Hochfläche des Steinernen Meeres zu gelangen, ist der Ramseider Steig (vgl. Tour 24), dessen oberer Teil vom Wanderparkplatz Sandten in der Stabler Au zügig erreicht werden kann. Mittels Sprengungen und aufwendiger Sicherung schuf man hier eine sehr direkte Verbindung zwischen dem Talort Maria Alm und der Ramseider Scharte, in der das Riemannhaus steht. Und man muss wirklich anerkennend sagen: Die Linienführung dieses Steigs ist ebenso atemberaubend wie die Tatsache, dass er ohne nennenswerte Schwierigkeiten durch steilstes Felsgelände führt – beim Blick von unten kaum glaubhaft. Aber sparen wir uns diesen Weg für den Abstieg auf und betrachten zunächst eine wenig bekannte Alternative: Ein Stück weiter östlich, an dem langen Kamm, der über die Glemmeralm und den Napfetzer zum Schöneck hinaufzieht, kann man noch ganz ohne betonierte Stufen bergsteigen. Ein typischer »vergessener Pfad« zieht östlich des Grates hinauf, ist oft nur als schwache Spur erkennbar und verlangt denen, die ihn begehen, einiges ab – doch wer sich im steilen, alpinen Gelände wohlfühlt, wird von hier langanhaltende Eindrücke mit nach Hause nehmen.

Erste Eindrücke eines stillen Pfades Ausgangspunkt der Tour ist der Wanderparkplatz in der Stabler Au, den man über den Almer Ortsteil Grießbachwinkl mit dem Auto erreicht. Von hier aus heißt es zunächst auf der Fahrstraße sechzig Höhenmeter absteigen, bis auf knapp 1100 Meter Höhe, kurz bevor eine Straße links (östlich) abzweigt, ein Pfad ebenfalls

Freie Sicht zur markanten Gipfelgestalt des Breithorns

links in den Wald hineinführt; ob hier das Parken genehmigt ist, ist unklar, daher lieber oben an der Schranke parken. Ohne Beschilderung und Markierung geht es nun im Wald hinauf, bis bei der Tennhütte (1188 m) der Höhenrücken erreicht ist, der in der Folge den Routenverlauf vorgibt. Ein Schild weist nach links (nördlich) zum Schöneck, und hier beginnt der eigentliche Gratanstieg. Zunächst weglos über Gras, dann auf einem deutlichen Pfad und meist östlich unterhalb der Grathöhe steigen wir steil hinauf. Bald tauchen plötzlich die ersten rot-weißen Markierungen auf, die uns bis zum Gipfel begleiten werden. Man wollte die Route wohl nicht von ganz unten markieren, um sicherzustellen, dass sich nur diejenigen Bergsteiger hier hinauf »verirren«, die auch wirklich beabsichtigen, diesen anspruchsvollen Pfad zu begehen!

Ohne Umschweife nach oben Zwei kurze sandige Querungen im unangenehmen Steilgelände, eine davon mit Sicherungsseil, verlangen erstmals etwas Konzentration. Schnell gewinnen wir an Höhe und müssen zwischendurch doch immer wieder stehen bleiben, um den völlig freien Blick hinab ins Tal und hinü-

Die Westflanke der Schönfeldspitze

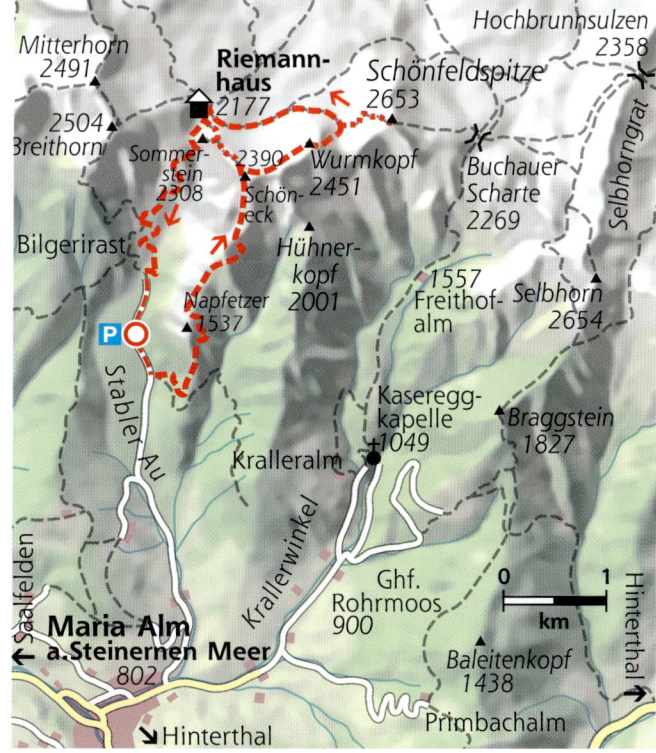

ber zu den Hohen Tauern zu genießen. Hat man gar das Glück, an einem stillen Herbstmorgen mit Talnebel und wolkenlosem Himmel hier unterwegs zu sein, werden die Pausen zum Schauen länger, fällt das Weitergehen nicht immer leicht ... Nun wird der Pfad bald mühsamer und führt in ein zusehends felsigeres Terrain. Stellenweise verliert er sich ganz, doch die regelmäßigen Markierungen weisen verlässlich den Weg. Der schwierigste Teil liegt oberhalb von 2000 Metern: Hier sind wir stellenweise gezwungen, über bröslige und sehr steile Hänge direkt hinaufzusteigen, wobei die Hände hin und wieder mit anpacken. Über Fels (Stellen I) und Schutt wird nun noch das allerletzte Stück direkt am Grat überwunden, bevor sich plötzlich das Gipfelkreuz zeigt. Man muss wohl solch ein wildes Gelände lieben, muss sich in vielen Touren Erfahrung erworben haben, um Aufstiegen wie diesen etwas abgewinnen zu können. Aber wenn dem so ist, wird man die Begeisterung nur schwer zügeln können: Einen so direkten, langen, einsamen und zugleich aussichtsreichen Gipfelweg, der wirklich unmittelbar zum höchsten Punkt hinaufführt, findet man nicht alle Tage!

Vom Schöneck zum Wurmkopf Auf dem Schöneck befinden wir uns auf der Schwelle zu einer ganz anderen Landschaft: Das Hoch-

plateau des Steinernen Meeres liegt uns zu Füßen, zumindest sein Westteil vom Breithorn über den Hundstod bis zum Funtenseetauern. Alpinhistorische Bedeutung hat das als Gipfel etwas untergeordnete Schöneck auch: Mit seinen prallen Westwänden lockte es Kletterer an, unter anderem den Broad-Peak-Erstbesteiger Marcus Schmuck, der hier in den 1950er-Jahren mehrere Routen erstmals beging. Herrlich und unbedingt empfehlenswert ist es nun, die Höhenwanderung hinüber zum Wurmkopf anzutreten. Wenn das Wetter und die Lichtverhältnisse stimmen, wird Bergsteigen hier wirklich zur tiefen Freude und zu einem großen Staunen! Direkt auf dem breiten Gratrücken lässt es sich unschwierig dahinspazieren, während linkerhand die riesige Hochfläche liegt und rechts die Wände steil in den Pinzgau abfallen. Die wenigen Meter zum schwach ausgeprägten Streichenbeil hinaufzusteigen lohnt sich auch und ist wohl Ausdruck des bergsteigerischen Spieltriebs. Weiter geht es in nordöstlicher Richtung zum Wurmkopf, dessen steiler Gipfelaufbau den Atem noch einmal schneller gehen lässt. Sein Nordeck, über ein paar Felsstufen (I) vom Gipfel schnell erreichbar, ist einer der vorzüglichsten Aussichtspunkte über die Hochfläche des westlichen Steinernen Meeres.

Hinten der Stuhljochgrat mit dem Funtenseetauern (rechts), davor Schottmalhorn und Brandenberg

Bei der Recherche fiel mir eine merkwürdige Begebenheit im Zusammenhang mit den Erhebungen Schöneck und Streichenbeil auf. Die beiden haben nämlich vor einigen Jahrzehnten ihre Namen getauscht! In allen älteren Karten und Führern, teils noch bis in die 1970er-Jahre, hieß der westlichere der beiden Gipfel Streichenbeil, der östliche hingegen Schöneck (oder Schönegg) – also genau andersherum als heute. Der Grund dafür ist leider nicht genau bekannt, vermutlich schrieb eine amtliche österreichische Karte etwa zu Beginn der 1960er-Jahre absichtlich oder versehentlich den Namenstausch erstmals fest.

Das Riemannhaus am Sommerstein

Gipfelzugabe oder Abstieg Während der Blick unablässig über die grauen Weiten schweift und sich nicht lösen mag, stellt sich die Frage nach dem Weiterweg. Absteigen oder noch die unmittelbar benachbarte Schönfeldspitze anpacken? Letzteres kommt nach dem beschwerlichen Aufstieg zum Schöneck nur für sehr konditionsstarke Bergsteiger in Frage und erfordert auf der Route von Westen her sicheres Steigen im ausgesetzten und teilweise sehr speckigen Felsgelände. Zwei Stunden müssen dafür zusätzlich zur Verfügung stehen! Die schwach ausgeprägte Erhebung zwischen Wurmkopf und Schönfeldspitze heißt übrigens Niederzink – mit seinen Südwänden seit Neuestem ein Sportkletterziel und hinsichtlich des Namens traditionell der viel kleinere Bruder der Schönfeldspitze, welche früher ja Hochzink – auch Freithofzink oder einfach Zinken – hieß. Belässt man es beim Wurmkopf, bleibt mehr Zeit zum Schauen, mehr Ruhe, um sich in die eigenartigen Formen dieser Landschaft zu vertiefen, sie wirken zu lassen. Ja, wir wandeln hier auf den Überbleibseln eines Meeres – Jahrmillionen ist es her, dass sich hierüber das Sonnenlicht im flachen, warmen Wasser brach! Gleich, ob wir vom Wurmkopf auf dem Panoramaweg über das Schöneck zurückwandern oder östlich über die Wurmscharte absteigen, nach etwa einer Stunde erreichen wir über markierte felsige Pfade das Riemannhaus am Sommerstein. Letzterer ist der Kletterberg schlechthin im Steinernen Meer

und wegen seiner eigenartigen Gestalt einer der markantesten Berge der Berchtesgadener Alpen. Ein steiler alpiner Weg windet sich von Nordosten auf seinen Gipfel – allemal ein lohnender Abstecher.

Der Abstieg führt vom Riemannhaus über den anfangs beschriebenen Ramseider Steig ins Tal. Tausend Höhenmeter, die noch einmal Konzentration erfordern. Und wie schön ist es dann – ja, wie schön ist es immer! –, wenn sich der Kreis wieder einmal schließt.

Der Sommerstein, der kleine und doch gewaltige Kletterberg des Steinernen Meeres

Wo die Worte enden und das Staunen beginnt ...

24 Breithorn, Mitterhorn, Äulhorn, Achselhorn

Ein herrlicher Höhenweg von Gipfel zu Gipfel

  10–11 Std. je 1750 Hm

TOURENCHARAKTER

Hochalpine, durchweg markierte Tour. Auf das Breithorn unschwieriger Wanderweg. Zum Mitterhorn deutlich anspruchsvoller, teils ausgesetzt, Drahtseilsicherungen. Hinab zur Gamsfeldnieder steil und felsig, auf das Äulhorn ebenfalls steil, Drahtseilsicherungen. Vom Breithorn bis hier immer wieder leichte Kletterstellen (I), Trittsicherheit und Schwindelfreiheit erforderlich. Anschließend unschwierig zum Achselhorn und weiter zur Weißbachscharte. Zurück zum Riemannhaus gut markierter Weg über die Hochfläche. Bei Gewitterneigung gefährlich, ausreichend Getränke mitnehmen!

GIPFEL

Breithorn, 2504 m; Mitterhorn, 2491 m; Äulhorn, 2481 m; Achselhorn, 2467 m

TALORT

Maria Alm, 802 m

AUSGANGSPUNKT

Wanderparkplatz in der Stabler Au oberhalb von Maria Alm, 1160 m

ANFAHRT

Mit dem Auto von der Deutschen Alpenstraße oder Bad Reichenhall über Lofer und Saalfelden. Mit öffentlichen Verkehrsmitteln schwierig zu erreichen

GEHZEITEN

Stabler Au – Riemannhaus 3 Std., Riemannhaus – Breithorn gut 1 Std., Mitterhorn 0:30 Std., Äulhorn 0:30 Std., Achselhorn 0:30 Std., Weißbachscharte 0:45 Std., über die Wegscheid zum Riemannhaus 1:30 Std., Stabler Au 2:30 Std.; insgesamt 10–11 Std.

HÖHENDIFFERENZ

Insgesamt ↑↓ 1750 Hm

BESTE JAHRESZEIT

Juli bis Oktober

EINKEHR

Riemannhaus, 2177 m. AV-Hütte, bew. Mitte Juni bis Anfang Oktober. Tel.: 0043/65 82/733 00, www.riemannhaus.de

KARTE

AV-Karte 10/1 »Steinernes Meer« 1:25 000

Kombinierbar mit Tour 16, 21, 22, 23, 25

Das Riemannhaus ist ein idealer Tourenstützpunkt: Es befindet sich am Rand der großen Hochfläche des Steinernen Meeres, ist nach dem Matrashaus auf dem Hochkönig die höchstgelegene bewirtschaftete Hütte der Berchtesgadener Alpen und bietet raschen Zugang zu rund zehn Gipfeln im Umkreis. Die felsigen Erhebungen in Hüttennähe stehen so dicht beieinander, dass sich eine Überschreitung förmlich aufdrängt.

Durchs wilde Felsgelände Ein rascher und landschaftlich eindrucksvoller Zustieg beginnt am Wanderparkplatz in der Stabler Au nördlich von Maria Alm und führt zunächst auf einem Fahrweg bergauf. Nach der Talstation der Materialseilbahn geht es auf einem alpinen Steig weiter, der recht bald durch steiles Felsgelände führt und durch Stufen und Drahtseile entschärft ist (siehe auch Tour 23). Einer der spektakulären Hüttenzustiege rund um den Königssee! Kaum zu glauben, dass auf diesem Felsenpfad in einem schneereichen August schon mit Ski abgefahren wurde! Weiter oben beeindruckt dann die pralle Wand des eulenförmigen Sommersteins, an deren Fuß es schließlich die letzten Meter zur Hütte vorbeigeht.

Breithorn und Mitterhorn Die nun folgende, stellenweise anspruchsvolle Gipfelüberschreitung kann bei entsprechender Kondition als Halbtagestour unternommen werden. Am besten packt man sie nach einer Übernachtung im Riemannhaus in aller Herrgottsfrühe an! Der markierte Weg führt nördlich, dann westlich von der Hütte weg. Der Abzweig des Weges in Richtung Ingolstädter Haus bleibt rechts, und zügig rückt nun das Breithorn näher, dessen Gipfel man schließlich durch Fels- und Schuttgewirr ohne Schwierigkeiten gewinnt. Schon Hermann von Barth rühmte 1874 das Breithorn als den besten Aussichtsgipfel weit und breit, und dem ist nichts hinzuzufügen! Der Weiterweg zum Mitterhorn führt ein kurzes Stück den Gipfelhang wieder hinunter und quert dann nordwestlich zum Grat hinüber. Hier passiert er die Drei Docken, die von Ludwig Purtscheller erstbestiegen wurden und die, wären sie nur etwas eigenständiger, zu den am schwersten zu besteigenden Erhebungen des Steinernen Meeres gerechnet werden könnten. Der weitere Wegverlauf verlangt nun deutlich mehr als die Besteigung des Breithorns – es geht über ausgesetzte Bänder und recht abgespeckten Fels zum Mitterhorn hinüber, wobei man einige Male schon mit der Hand zupacken darf.

Zwei stillere Gipfel Vom Mitterhorn steigt man steil zur Gamsfeldnieder ab und steuert in der Folge nicht das weiter westlich gelegene Persailhorn an – das wäre der »Saalfeldener Höhenweg« –, sondern das direkt nördlich aufragende Äulhorn, das in der Literatur auch als Aulhorn, Alhorn und Ahlhorn erscheint. Der seilversicherte felsige Steilaufschwung zu seinem Gipfel verlangt entschlossenes Zupacken und einen sicheren Tritt – wer diese Voraussetzungen erfüllt, wird den Aufstieg als kurze Genusskraxelei in Erinnerung behalten. Nun ist der technisch anspruchsvollste Teil der Tour geschafft. Während sich auf dem Saalfeldener Höhenweg mitunter viele Bergsteiger gegenseitig auf die Klettersteigsets treten, ist man beim folgenden Übergang zum wenig ausgeprägten Achselhorn oft allein. Die Höhenwanderung auf dem Kamm bis zur Weißbachlscharte ge-

staltet sich unschwierig, äußerst reizvoll und entspannt – der Blick wandert über die rechterhand liegende Hochfläche, und kein Hindernis weit und breit stört das Auge. Erst seit einigen Jahren ist dieser Übergang wieder markiert und in den Karten verzeichnet. Aus der Weißbachlscharte geht es nun südöstlich zur Wegscheid hinab und nach einem 150-Meter-Zwischenaufstieg zur Äulhöhe auf dem Eichstätter Weg zum Riemannhaus zurück.

Das Riemannhaus am eulenförmigen Sommerstein

Breithorn und Mitterhorn, dazwischen (rechts der Bildmitte) die Drei Docken

---

VARIANTEN

Geübte Bergsteiger können bei Bedarf bereits kurz nach dem Gipfel des Achselhorns rechts (östlich) weglos über eine steile Rinne zur Hochfläche und zum Eichstätter Weg absteigen. Aus der Weißbachlscharte kann unschwierig noch der Schartenkopf mitgenommen werden. Der weitere Gratübergang zum Hollermaißhorn ist anspruchsvoll und lohnend (siehe Tour 25).

25 Der unbekannte Schartenkopf
Von der Peter-Wiechenthaler-Hütte auf das Steinerne Meer

7–8 Std.   je 1500 Hm

TOURENCHARAKTER
Bis zur Peter-Wiechenthaler-Hütte unschwieriger Wanderweg. Zur Weißbachlscharte markierter Weg, teilweise etwas steil und felsig. Besteigung des Schartenkopfs weglos, aber ohne Schwierigkeiten. Die optionale Überschreitung zum Hollermaißhorn wie auch der anschließende Abstieg zur Hochfläche fallen in den Schwierigkeitsgrad »schwer« (weglos, kurze Kletterstellen, steile Felsplatten). Bergerfahrung und große Trittsicherheit sind dort unbedingt erforderlich.

GIPFEL
Schartenkopf, 2306 m; (Hollermaißhorn, 2298 m)

TALORT
Saalfelden, 749 m

AUSGANGSPUNKT
Wanderparkplatz im Saalfeldener Ortsteil Bachwinkl, 850 m

ANFAHRT
Mit der Bahn von Salzburg über Golling; mit dem Auto von der Deutschen Alpenstraße oder Bad Reichenhall über Lofer

GEHZEITEN
Bachwinkl – Peter-Wiechenthaler-Hütte 2:30 Std., Weißbachlscharte 2 Std., Schartenkopf 0:10 Std., Abstieg auf selber Route 3–3:30 Std.; insgesamt 7–8 Std. (Hollermaißhorn je nach Rückweg zusätzlich 1–2 Std.)

HÖHENDIFFERENZ
Insgesamt ↑↓ 1500 Hm; Hollermaißhorn zusätzlich mindestens ↑↓ 180 Hm

BESTE JAHRESZEIT
Juli bis Oktober

EINKEHR
Peter-Wiechenthaler-Hütte, 1708 m. AV-Hütte, bew. Ende Mai bis Anfang Oktober; März bis Mai sowie Oktober zusätzlich an Wochenenden Fr–So. Schlüssel für Winterraum bei OeAV-Sektion Saalfelden. Tel.: 0043/65 82/734 89 (Hütte), 0043/65 82/732 42 (Sektion)

KARTE
AV-Karte 10/1 »Steinernes Meer« 1:25 000

Kombinierbar mit Tour 22, 24, 26

Übergang vom Schartenkopf zum Hollermaißhorn

So gut wie jedem, der schon einmal im Steinernen Meer unterwegs war, sind die drei bewirtschafteten Hütten der Hochfläche ein Begriff: Kärlinger Haus, Ingolstädter Haus und Riemannhaus. Auch die kleine Wasseralm in der Röth ist seit Jahren bewartet und sehr beliebt. Weniger bekannt dürfte zumindest unter Deutschen die Peter-Wiechenthaler-Hütte am südwestlichen Rand des Massivs sein – vermutlich wegen der etwas abseitigen Lage außerhalb des eigentlichen Gebirgsplateaus. Grund genug für Liebhaber ruhiger Gegenden, dieses Refugium einmal näher zu betrachten und auf Tourensuche zu gehen.

Schnell erkennt man das Paradeziel des Gebietes: den anspruchsvollen Saalfeldener Höhenweg, der von der Wiechenthaler-Hütte zum Riemannhaus führt und dabei drei Gipfel – Persailhorn, Mitterhorn und Breithorn – überschreitet. Die anderen Touren in Hüttennähe werden deutlich seltener begangen und sind landschaftlich sehr interessant, so auch die hier beschriebene Wanderung zur Weißbachlscharte und auf den Schartenkopf.

Aufstieg zur Hütte Die Tour beginnt im Ortsteil Bachwinkl oberhalb von Saalfelden, wo spätestens beim Parkplatz auf 850 Meter Höhe der Kautschukreifen gegen die Vibramsohle getauscht werden muss. Eine lohnende von mehreren möglichen Aufstiegsrouten führt zunächst über die Brücke unmittelbar am Parkplatz, gleich darauf links wieder über eine Brücke, kurz rechts und dann links auf einem breiten Wanderweg in den

Blick übers Steinerne Meer, hinten links der Watzmann

Wald hinauf. Nun ist es fast nicht mehr möglich, vom rechten Weg abzukommen: In einigen Serpentinen steigt man den Kienberg hinan und genießt immer wieder weite Ausblicke über den Saalfeldener Talkessel.

Am »Kreuzweg« (1348 m) teilt sich der Weg auf, wobei die rechte der drei Optionen einigermaßen direkt und unschwierig das Steilgelände des Kienalkopfes überwindet. Droben steht dann die sympathische Peter-Wiechenthaler-Hütte, die mit originellem Aussehen, gemütlichen Räumen und einem tollen Talblick besticht.

Bekannte und unbekannte Gipfel Der Hausberg des Schutzhauses ist das östlich gelegene Persailhorn, das mit dem beliebten Saalfeldener Höhenweg und mehreren neu angelegten Klettersteigen exemplarisch für populäre Formen des Bergsports steht. Wir lassen es rechts liegen und folgen stattdessen dem bezeichneten Weg, der in einer langen Querung nach Nordosten zunächst fast keine Höhenmeter überwindet und dann in Richtung Weißbachlscharte hinaufführt. Eine seilversicherte Stelle im Bereich der »Hochachsel« ist leicht ausgesetzt, ansonsten treten uns keine Schwierigkeiten entgegen, und wir können mehr und mehr die Abgeschiedenheit dieses wenig bekannten Winkels der Berchtesgadener Alpen spüren. Der Pfad wird schließlich steiler, zieht zur Schlucht hinauf, die in Falllinie der Weißbachlscharte die Hänge teilt, führt aber nicht in sie hinein und

TIPP

Bei gutem Wetter kann der Aufstieg von Saalfelden auch als Abendwanderung empfohlen werden. Vor allem im Herbst – etwa im Oktober kurz vor Saisonschluss – ist eine richtig genussvolle Mondscheintour möglich, und man kommt dennoch nicht allzu spät bei der Hütte an. Über Öffnungszeiten und Mondstand informieren, Stirnlampe nicht vergessen!

bleibt immer überraschend unschwierig. Kaum einmal kommt es vor, dass man kurz die Hand zur Hilfe nehmen muss. In der Scharte löst sich dann bei guter Sicht die angesammelte Spannung, und der Blick wird frei: Der ganze westliche Teil der Hochfläche des Steinernen Meeres liegt ausgebreitet vor uns – Schönfeldspitze, Funtenseetauern, Watzmann und Hundstod beherrschen von rechts nach links das Panorama.

In der Weißbachlscharte treffen sich vier Routen: unser Aufstiegsweg von der Peter-Wiechenthaler-Hütte, rechts hinauf die markierte Höhenwanderung über das Achselhorn (Tour 25); geradeaus geht es in fünfzehn Minuten zur Wegscheid auf die Hochfläche hinab, und links (nordwestlich) steht ein kleines Gipfelchen, das sich weglos, aber unschwer erreichen lässt und Ziel dieser Wanderung ist: der Schartenkopf. Keine zehn Minuten dauert es, bis wir am Gipfelsteinmann und damit noch einmal fünfzig Meter höher stehen. Bei einem längeren, ungestörten Aufenthalt dort oben stellt man vielleicht fest, dass es oftmals nicht nur die spektakulären höchsten Berge sind, an denen Natur ganz unmittelbar erlebbar wird, sondern auch und gerade die kleinen Kuppen der zweiten und dritten Reihe. Je nachdem, zu welcher Tageszeit wir heraufgestiegen sind und wonach es uns jetzt noch gelüstet, können wir wieder zur Peter-Wiechenthaler-Hütte zurückkehren, die Höhenwanderung übers Achselhorn anpacken oder eine der drei Hochflächenhütten ansteuern. Und dann wäre da noch die Möglichkeit einer Überschreitung zum Hollermaißhorn.

Variante zum Hollermaißhorn Man hält sich hierzu vom Schartenkopf kommend immer auf dem grasigen Rücken, überwindet eine Graterhebung, gewinnt die Hollermaißnieder (2226 m) und steigt dann steil zum Gipfelaufbau des Hollermaißhorns hinauf. Die anspruchsvollste Stelle folgt knapp unterhalb des Gipfels mit einer kleinen Steilstufe (I, nicht links in den Westhang ausweichen!), bis schließlich der höchste Punkt (2298 m) in einer Linksschleife unschwierig über Grashänge erreicht wird (ab Schartenkopf 0:30 Std., knapp hundert Höhenmeter im Abstieg wie im Aufstieg, Schwierigkeits-

grad »schwer«). Der Weiterweg zum Grünkopf wäre noch einmal deutlich schwieriger und ist nur etwas für richtige Kletterer. Man kehrt also besser wieder zum Schartenkopf zurück oder steigt nordöstlich über steile Felsplatten weglos zur Hochfläche hinunter. Diese Variante führt durch sehr entlegene Gebiete und kann bei Schnee oder Vereisung heikel sein, bietet bei guten Verhältnissen aber großartige Einblicke in die Strukturen des Steinernen Meeres. Schließlich trifft man auf den Eichstätter Weg, der nördlich zum Ingolstädter Haus und südlich zur Wegscheid führt.

Nacht auf dem Schartenkopf. Links die Spitze des Watzmanns, dahinter der Lichtschein von Salzburg.

Linke Seite: Genussklettern beim Abstieg vom Hollermaißhorn zur Hochfläche

HINTERGRUND

Lange Zeit bestand Unklarheit über die Namen der westlichen Randgipfel des Steinernen Meeres: In einigen Karten heißt der Schartenkopf Hollermaißhorn, während der Letztere ganz namenlos bleibt. Auch die heute übliche Unterscheidung zwischen den südlich gelegenen Erhebungen Äulhorn und Achselhorn (Tour 24) war früher die Ausnahme. Erst die 1969 aufgelegte Alpenvereinskarte führte eine eindeutige Benennung aller Gipfel ein.

Noch überraschender dürfte jedoch die in mehreren Führern nachzulesende Information sein, dass die hier beschriebene Überschreitung von der Weißbachlscharte über den Schartenkopf bis zum Hollermaißhorn – und über die Hochfläche weiter bis zu den Schindlköpfen – einmal ein markierter Übergang war. Ein schönes Beispiel dafür, dass menschliche Infrastruktur manchmal sang- und klanglos verschwindet und das Gebirge sich im Laufe von Jahrzehnten in ein fast spurenloses »Niemandsland« zurückverwandeln kann.

*Bei Sonnenaufgang
auf dem Schartenkopf*

26 Touren rund ums Ingolstädter Haus

Der wilde Nordwestteil des Steinernen Meers und der Dießbachsteig

12–13 Std.   je 2150 Hm

TOURENCHARAKTER

Der Dießbachsteig ist steil, schmal, stellenweise ausgesetzt und verlangt vereinzelt die Zuhilfenahme der Hände. Der weitere Zustieg zum Ingolstädter Haus ist unschwierig, aber lang und stellenweise mühsam. Die Gipfelbesteigungen sind markiert, teilweise jedoch steil und etwas rutschig (Großer Hundstod). Bei Nässe oder Vereisung heikel! Trittsicherheit und Schwindelfreiheit erforderlich. Hinweis: Der Schwierigkeitsgrad dieser Tour tendiert gegen »schwer«.

GIPFEL

Großer Hundstod, 2594 m; Kleiner Hundstod, 2263 m; Schindlköpfe, 2356 m

TALORT/AUSGANGSPUNKT

Diesbach, 681 m, unweit von Weißbach bei Lofer

ANFAHRT

Mit dem Auto von der Deutschen Alpenstraße über Lofer. Die Anreise mit öffentlichen Verkehrsmitteln ist sehr zeitaufwendig.

GEHZEITEN

Diesbach – Dießbachsteig – Dießbachstausee 3 Std.; durch das Dießbachtal zur Mitterkaseralm 1 Std., Ingolstädter Haus 1:30 Std., Großer Hundstod hin und zurück 2–2:30 Std., Kleiner Hundstod zusätzlich 0:30 Std., Abstieg ins Tal 4–5 Std.; insgesamt 12–13 Std. (Schindlköpfe zusätzlich 1:30–2 Std.)

HÖHENDIFFERENZ

Mit Großem und Kleinem Hundstod insgesamt rund ↑↓ 2150 Hm (Schindlköpfe zusätzlich ↑↓ 240 Hm)

BESTE JAHRESZEIT

Juli bis Oktober

EINKEHR

Ingolstädter Haus, 2119 m. AV-Hütte. bew. von Mitte Juni bis Anfang Oktober. Tel.: 0043/65 82/83 53, www.ingolstaedterhaus.de

KARTE

AV-Karte 10/1 »Steinernes Meer« 1:25 000 und Topographische Karte »Berchtesgadener Alpen« 1:50 000

Kombinierbar mit Tour 25, 27, 28

Geheimnisvolle Abendstimmung mit Funtenseetauern, Selbhorn und Schönfeldspitze

Das Ingolstädter Haus ist die einzige bewirtschaftete Hütte, die eine ungehinderte Übersicht über die Hochfläche des Steinernen Meeres gewährt. Doch nicht nur diese Eigenschaft macht es zu einem attraktiven Übernachtungsziel. Gleich drei Hüttenberge unterschiedlichen Charakters laden zu einer Gipfelbesteigung ein: der Große Hundstod als dominierender Koloss, der zahme Kleine Hundstod als leichter Wanderhügel und die Schindlköpfe als eher wenig bekannter Doppelgipfel. Alle drei sind über markierte Steige erreichbar und von hohem landschaftlichen Reiz. Abrunden lässt sich dieser ohnehin schon schmackhafte Gipfelreigen durch einen Hüttenzustieg, der zu den anspruchsvollsten und auch längsten in den Berchtesgadener Alpen zählt: Über den Dießbachsteig und vorbei am Dießbachstausee geht es hinauf in die Dießbachscharte, wo das Ingolstädter Haus und die umliegenden Gipfel warten.

Der Dießbachsteig Die Tour beginnt bei der unscheinbaren Ansiedlung Diesbach im Saalachtal zwischen Weißbach und Saalfelden, der vierten Häusergruppe nach dem Hauptort von Weißbach. Diesbach wird übrigens in amtlichen Karten mit einfachem »s« geschrieben, während alle davon abhängenden Bezeichnungen wie z. B. »Dießbachstausee« meist mit »ß« erscheinen. Vom Parkplatz direkt links an der Bundesstraße geht es an einem Zaun entlang nördlich zum Waldrand und auf dem Radweg kurz in Richtung Saalfelden, bis links ein Weg in den Wald abzweigt. Das Wanderschild kündigt unmissverständlich an, dass es dieser Hüttenzustieg in sich hat: sechs Stunden, Kategorie schwarz! Weitgehend im Wald, teils auch durch lichtere Steilflanken zieht der Steig nach oben, bleibt dabei immer auf der orographisch rechten Uferseite des Dießbachs und überwindet in seinem Mittelteil einige felsige Steilstufen, wobei auch eine kurze Leiter und Trittstifte helfen. Anschließend wandert man direkt unterhalb der gewaltigen Südostwände des Kopfsteins vorbei, an denen an Schönwetterwochenenden Dutzende Kletterer wie die Fliegen kleben. Diese Kletterrouten haben rein sportklettertechnische Bedeutung und führen auf keinen Gipfel. Schließlich wird der Steig flacher, steile Tiefblicke ins Saalachtal sind nun nicht mehr möglich. Aber man sollte sich nicht täuschen: Erst jetzt wird der Dießbachsteig so richtig unangenehm, verliert wieder einige mühsam erarbeitete Höhenmeter und stellt sich als ein teils verwach-

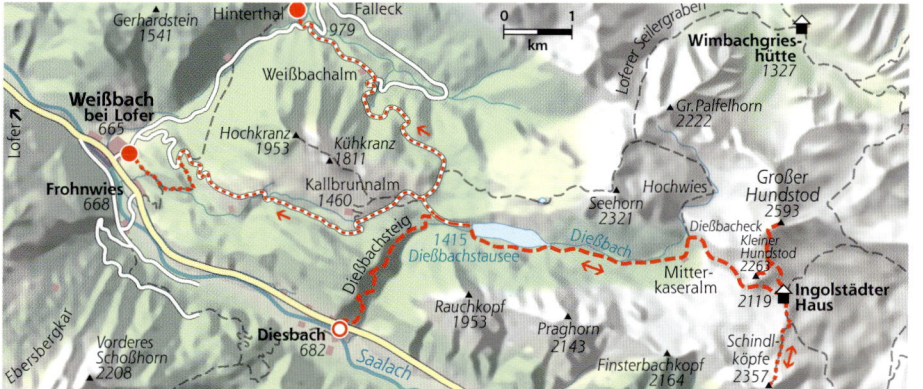

sener, auf und ab führender Waldpfad dar. Wer hier zäh bleibt, wird bald entlohnt – denn nun ist es wirklich nicht mehr weit bis zur Einmündung in die breite Fahrstraße, auf der es dann eben zum See geht.

Vom Stausee zur Dießbachscharte Auf der Staumauer wechseln wir auf die Südseite des im Jahre 1961 aufgestauten Sees, der die Dießbachalm aus den Landkarten tilgte. Hier erwartet uns die letzte Gemeinheit der Wegführung: Etwa hundert Höhenmeter steigt die Fahrstraße steil über dem See an, um kurz darauf wieder bis zum Ufer abzufallen. Nach diesem Höhenmeterverlust folgt allerdings nur noch Aufstieg, versprochen! Recht gemächlich geht es nun das Dießbachtal hinauf, und einmal noch, auf 1555 Meter Höhe, tangiert die Straße an einer idyllischen Stelle direkt den Dießbach, der mit seinem kühlen Wasser lockt. Bald darauf endet die Straße an der Talstation der Materialseilbahn, und endlich bekommt der Wanderer wieder einen richtigen Bergweg unter die Füße. Auf 1720 Meter Höhe geht es bei der Wegverzweigung rechts ab und hinauf ins einzige schmale Nadelöhr, durch das sich der breite Gürtel der Mitterkaserwand umgehen lässt. Das Gelände wird

Herbstliches Farbenspiel im Dießbachtal

noch beeindruckender: Direkt unterhalb der Steilabbrüche von Dießbacheck und Kleinem Hundstod führt der schmale, aber unschwierige Pfad hinauf, während rechterhand bizarre Karrenlandschaften einen ersten Vorgeschmack auf das Steinerne Meer bieten. Kurz darauf ist auch schon die Dießbachscharte erreicht, und mit ihr das Ingolstädter Haus, von dem aus der Blick über die Hochfläche des Steinernen Meeres frei wird.

Rund ums Ingolstädter Haus Nur wer aus dem Saalachtal heraufgestiegen ist, ermisst jetzt so richtig, dass diese Unterkunftshütte vom Tal aus betrachtet die vielleicht entlegenste in den gesamten Berchtesgadener Alpen ist, vom Matrashaus auf dem Hochkönig einmal abgesehen. Besonders schön ist das

Die Südwestkante des Großen Hundstods

Erlebnis der Abendstimmung auf der Hüttenterrasse: Allmählich versinken die Wellen des Steinernen Meeres im abendlichen Grau, während zuletzt noch der mächtige Funtenseetauernstock und die Schönfeldspitze rötlich schimmern.

Je nachdem, wie viel Zeit zur Verfügung steht, eröffnen sich vom Ingolstädter Haus aus mehrere lohnende Gipfelmöglichkeiten. Der Kleine Hundstod ist der harmloseste der umliegenden Berge: Der markierte Aufstieg führt in den Sattel zwischen ihm und dem Großen Hundstod, von wo aus sein höchster Punkt in Kürze erreicht wird. Als nahegelegener Aussichtspunkt bietet er sich für einen kurzen Abstecher an.

Der Große Hundstod hingegen ist ein anderes Kaliber. Mit seinen 2594 Metern Höhe dominiert er das gesamte nordwestliche Steinerne Meer und bietet freie Aussichten wie nur wenige Berge ringsum. Der merkwürdige Name rührt wohl von einer alten Sage her: Die blutrünstige Hundemeute des grausamen Herrschers Watzmann, der wegen seiner Lust am Leid anderer in Stein verwandelt wurde, liegt unter den Steinmassen des Berges begraben und gibt manchmal noch Winsellaute von sich. Der Normalweg führt steil und felsig, jedoch ohne wirkliche Kletterei aus dem Sattel zwischen Kleinem und Großem Hundstod direkt über die Südflanke zum Gipfelgrat hinauf. In der Ausgabe 2006 der AV-Karte sind noch zwei weitere Routen rot punktiert verzeichnet, bei denen es sich allerdings um richtiggehende Klettereien II. bis III. Grades handelt. Besonders bemerkenswert am Großen Hundstod ist seine Vielgestaltigkeit: Während er sich von Süden und Norden als breiter Buckel zeigt, erscheint er von Westen als pyramidenförmiger Gipfel mit annähernd senkrechter Westwand, eine der wenigen bedeutenden Felswände im Steinernen Meer. Von Südosten dagegen, etwa vom Weg zwischen Kärlinger und Ingolstädter Haus (vgl. Tour 27), fällt neben dem Hauptgipfel vor allem die namenlose östliche Vorerhebung (2402 m) als steiler Zahn auf.

Abstecher zum Schindlkopf Schließlich ist auch eine Besteigung der Schindlköpfe eine lohnenswerte Unternehmung. Vom Ingolstädter Haus verfolgt man kurz den Eichstät-

Abstieg mit Blick zu Dießbachstausee und Seehorn

Typisch Steinernes Meer: Wilde Fels-formationen am Wegesrand

ter Weg nach Süden und zweigt dann rechts ab. Die Markierungen führen direkt in die Scharte zwischen den beiden Schindlköpfen und enden auf dem höheren, dem Westgipfel. Geübte Bergsteiger gehen manchmal von hier aus südöstlich unterhalb des Grats weiter, um dann mit Hollermaißhorn, Schartenkopf (Tour 25) und den sich daran anschließenden Gipfeln (Tour 24) gleich ein halbes Dutzend Erhebungen zu überschreiten. Die Über-schreitung der ersten Felstürme des Grates, der Eggstättenköpfe und des Grünsteins, ist jedoch Kletterern vorbehalten. Ob mit Gipfel oder ohne – das Unterwegssein rund ums In-golstädter Haus ist ein Erlebnis, wie es sicher nicht jedes Gebirge bieten kann.

TIPP

Weitere sehr lohnenswerte Touren vom Ingolstädter Haus aus sind die bekannten Wanderwege zum Kärlinger Haus und zum Riemannhaus sowie die Übergänge ins Wimbachtal (Tour 27, 28). Wer wieder ins Saalachtal hinabsteigen will, hat mit dem Dießbachsteig einen weiten und be-schwerlichen Talweg vor sich, der wirklich nur guten Gehern und nicht bei Nässe empfohlen werden kann. Umgehen lässt er sich vom Dießbachstausee aus über die Kallbrunnalmen nach Weißbach oder Hintertal, was von der Wegstrecke her noch länger, allerdings deutlich einfacher und knieschonender ist.

5–6 Std.   1780 Hm/260 Hm

TOURENCHARAKTER

Durchgehend markierter Weg, jedoch lang, alpin und oft im Felsgelände. Im Bereich der Sigeretplatte etwas ausgesetzt. Trittsicherheit und gute Kondition erforderlich!

ETAPPEN

St. Bartholomä, 604 m – Schrainbachtal – Sigeretplatte – Trischübel, 1764 m – Hundstodgrube – Hundstodgatterl, 2194 m – Ingolstädter Haus, 2119 m (alternativ Kärlinger Haus, 1630 m)

TALORT

Dorf Königssee, 604 m

AUSGANGSPUNKT

St. Bartholomä, 604 m

ANFAHRT

Mit Auto oder Bus zum Königssee, weiter mit dem Schiff nach St. Bartholomä

GEHZEITEN

St. Bartholomä – Schrainbachtal – Sigeretplatte – Trischübel 3–3:30 Std. – durch die Hundstodgrube zum Hundstodgatterl 1–1:30 Std. – Ingolstädter Haus 1 Std. (Kärlinger Haus 1:30 Std.); insgesamt etwa 5–6 Std.

HÖHENDIFFERENZ

Insgesamt ↑1780 Hm ↓260 Hm (Kärlinger Haus ↑1730 Hm ↓520 Hm)

BESTE JAHRESZEIT

Juli bis Oktober

EINKEHR

Ingolstädter Haus, 2119 m. AV-Hütte, bew. von Mitte Juni bis Anfang Oktober. Tel.: 0043/65 82/83 53, www.ingolstaedterhaus.de; Kärlinger Haus, 1630 m. AV-Hütte, bew. von Mitte/Ende Mai bis Mitte Oktober. Tel.: 08652/609 10 10, www.kaerlingerhaus.de

KARTE

AV-Karte 10/1 »Steinernes Meer« 1:25 000

Kombinierbar mit Tour 17, 26, 29

»Nicht der direkteste, schon gar nicht der schnellste, aber vielleicht der großzügigste und interessanteste.« So beschrieb Horst Höfler den weiten Weg vom Königssee hinauf zum Trischübel und weiter übers Hundstodgatterl zum Ingolstädter Haus. Im Gegensatz zu den anderen Zustiegen von Norden aufs Steinerne Meer (Tour 16, 17, 19) sollte man hier schon einen ganzen Tag Zeit mitbringen. Im Gegenzug führt dieser Weg, der mehr ist als nur ein Hüttenzustieg, durch beeindruckende und stille Landschaften auf einer Höhe von 600 bis 2200 Meter.

Durch wilde Hochtäler Der erste Teil des Aufstiegs ist identisch mit der Saugassenroute, die von St. Bartholomä ins Schrainbachtal hinaufführt (Tour 17). Bald nach der Schrainbachalm zweigt auf 980 Meter Höhe rechts ein alpiner, erst 1921 erbauter Steig ab, der uns zur Sigeretplatte bringt. Über grobes Blockwerk steigen wir unschwierig auf und werden schon jetzt mit »Sehenswürdigkeiten« belohnt: Direkt über uns dräuen die überhängenden Felswände der Hachelkopf-Südflanke, und links können wir direkt zur Zickzacklinie der Saugasse hinüberschauen. Die Schlüsselstelle folgt an der Sigeretplatte mit einem aus dem Fels gesprengten schmalen Steig direkt neben dem Abgrund, der geübten Bergwanderern aber eher Freude als Probleme bereitet. Alles Weitere ist nun entspanntes Gehen in einer abgeschiedenen Hochgebirgslandschaft, in einem Tal von rauer Schönheit! Nachdem bei 1383 Meter Höhe links der schmale Steig zum Oberlahner abgezweigt ist, wandern wir über die alte Sigeretalm (Quelle) hinauf, queren dann rechts aus dem Tal heraus (bizarre Karrenformationen!) und erreichen bald den Trischübel.

Übergang ins Steinerne Meer Trischübel, das heißt ursprünglich »Türschwelle«, und tatsächlich ist dieser Pass ein wichtiger Übergang –

GIPFEL IM NORDWESTLICHEN STEINERNEN MEER

Ganz außen (nördlich) stehen die unscheinbaren Roten Balfen, die sich gegen das Wimbachtal als wilde, rote Hörner präsentieren. Es folgt die breite Rotleitenschneid westlich der Hundstodgrube, deren Besteigung der AV-Führer als »wenig lohnend« bezeichnet – in der Nordostwand dieses Bergs eröffneten übrigens Toni Kurz und Anderl Hinterstoißer, die später am Eiger verunglückten, im Jahr 1932 eine Kletterroute. Der südwestlich sich anschließende Hundstodkendlkopf wird wohl noch seltener betreten; sein Gipfel ist der allerletzte Abschluss des Wimbachtals. Und dann folgt der Große Hundstod mit seiner Nordwand. Geübte Bergsteiger wagen sich manchmal an die Überschreitung von der Rotleitenschneid bis zum Hundstod, die gute Kondition und Kletterei bis zum II. Grad erfordert.

Östlich des Wegs befinden sich weitere weglose Berge: der unscheinbare Graskopf, der Gjaidkopf, dessen Name von seiner ehemaligen Bedeutung für die Jagd zeugt (Gjaid = Jagd), und der Schneiber. Durch das einsame Tal zwischen den beiden Letzteren, den Gjaidgraben, führte früher ein Steig. Aber auch heute noch wird der Gjaidgraben genutzt: als Skiabfahrt, die manchmal noch Ende Mai »geht«, wenn unten am Königssee die Ausflügler bei 28 °C schwitzen ...

der einzige zwischen Königsseetal und Wimbachtal – und die Nahtstelle zwischen Watzmann und Steinernem Meer. Links (südwestlich) steigen wir nun auf dem bezeichneten Weg durch Latschenhänge bergauf, bevor es bald schon wieder in die Hundstodgrube hinabgeht. Das Ambiente ist jetzt noch wilder geworden, wenig bekannte und selten bestiegene Gipfel stehen ringsum. Auf der markierten, früher »Aichacher Weg« genannten Route geht es durch die Hundstodgrube, jenseits steil aus ihr heraus und anschließend flach auf das Hundstodgatterl zu.

Vom Hundstodgatterl eröffnet sich ein herrlicher Blick über die weite Hochfläche des Steinernen Meers. Steil und felsig geht's dann zur Wegverzweigung hinab und links zum Kärlinger Haus oder rechts zum Ingolstädter Haus. Ein ganzes Gebirge mit all seinen Tourenmöglichkeiten wartet in den nächsten Tagen darauf, entdeckt zu werden!

Die Watzmann-Südspitze im Abendlicht

Von allen Seiten zieht der Watzmann die Blicke auf sich.

28 Durchs Wimbachtal zum Seehorn
Eine Urlandschaft aus Sandflüssen, Felstürmen und Baumruinen

8–10 Std. | 1800 Hm/1450 Hm

TOURENCHARAKTER
Bis zur Wimbachgrieshütte völlig unschwieriger, breiter Wanderweg. Im Loferer Seilergraben markierter, jedoch mühsamer und zuletzt sehr steiler Pfad. Abstecher zum Palfelhorn zunächst weglos, dann ausgesetzter Pfad (leichte Kletterstellen, I). Ab dem Hochwiessattel unschwieriger Weg aufs Seehorn. Abstieg über den Seehornsee teilweise steil, doch ohne besondere Schwierigkeiten. Ab den Kallbrunnalmen Fahrstraßen. Gute Kondition und Trittsicherheit erforderlich!

GIPFEL
Großes Palfelhorn, 2222 m; Seehorn, 2321 m

TALORT
Ramsau, 670 m

AUSGANGSPUNKT
Wimbachbrücke, 620 m

ANFAHRT
Mit dem Auto auf der B 305 zur Wimbachbrücke; Bus von Berchtesgaden

GEHZEITEN
Wimbachbrücke – Wimbachgrieshütte 2–2:30 Std., Wimbachscharte 2 Std., Großes Palfelhorn und Seehorn 1:30–2 Std., über den Seehornsee nach Hintertal 2:30–3:30 Std.; insgesamt 8–10 Std.

HÖHENDIFFERENZ
Insgesamt ↑1800 Hm ↓1450 Hm

BESTE JAHRESZEIT
Je nach Schneelage im Loferer Seilergraben Ende Juli bis Oktober. Achtung: Der RVO-Wanderbus Linie 847 von Weißbach über den Hirschbichlpass in die Ramsau verkehrt nur bis Anfang Oktober und nicht bei jeder Witterung! Info: RVO Niederlassung Berchtesgaden, Tel.: 08652/94 48 20

EINKEHR
Wimbachgrieshütte, 1326 m. Touristenverein Naturfreunde, bew. Anfang Mai bis Ende Oktober. Tel.: 08657/344, E-Mail: bernd_kreh@web.de

KARTE
Umgebungskarte »Nationalpark Berchtesgaden« 1:25 000 und Topographische Karte »Berchtesgadener Alpen« 1:50 000

Kombinierbar mit Tour 26, 29, 30

Als Gegenstück zum idyllischen Königsseetal präsentiert sich auf der Watzmann-Westseite das rund neun Kilometer lange Wimbachtal als wildromantische Landschaft von eher herber Schönheit. Wüstenartige Schuttströme, das Wimbachgries, durchziehen es wie fossile Adern, und vielerorts bezeugen schiefe Baumkrüppel ihren ständigen Überlebenskampf. Weiter oben prägen Felstürme und canyonartige Schluchten die Szenerie, während noch ein Stück weiter auf österreichischer Seite plötzlich völlig andere Formen dominieren: Die Hochfläche des Steinernen Meeres liegt in greifbarer Nähe, und beim Abstieg liegen dem Wanderer grüne Wiesenhänge und ein herrlicher kleiner See zu Füßen. Insgesamt ergibt das eine gewaltige und sehr abwechslungsreiche Tagestour, beinahe eine kleine Gebirgsdurchquerung. Etwas beschaulicher gestaltet sich die Unternehmung mit einer Übernachtung in der Wimbachgrieshütte.

Hinein ins wilde Wimbachtal Bereits der Auftakt der Wanderung durchs Tal ist faszinierend: Auf kinderleichten und meist flachen Wegen geht es von der Wimbachbrücke zum Wimbachschloss, wo die schaurig-schöne Watzmann-Westwand die Szenerie beherrscht, und weiter bis zur Wimbachgrieshütte. Gut zwei Stunden lang hat man bis hier schon schauen und staunen können. Durch das gleichmäßige Gehen ist vielleicht innere Ruhe und auch eine erste Vertrautheit mit diesem wilden Tal eingekehrt.

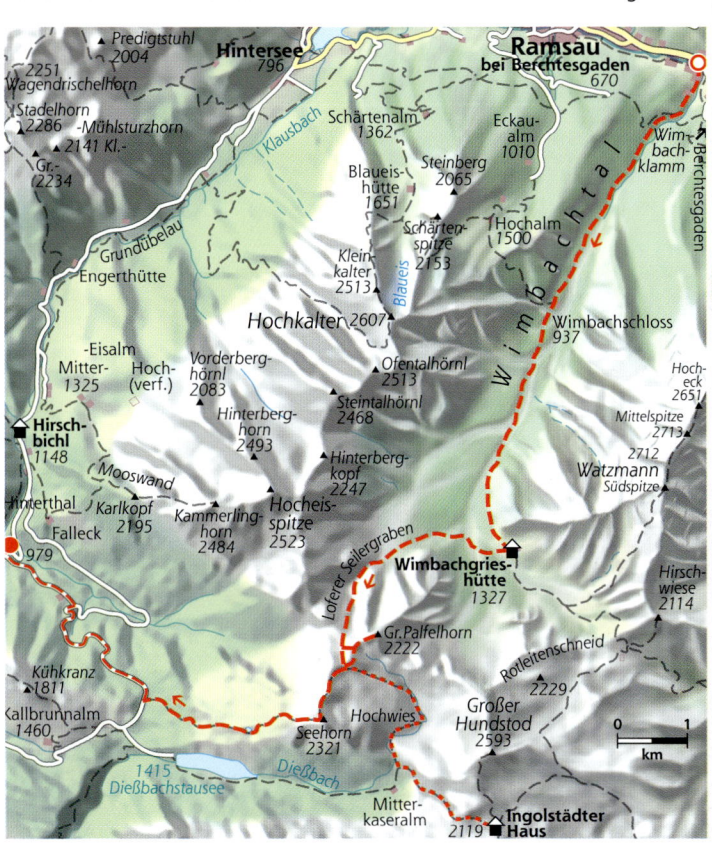

»Eine Urlandschaft aus Sandflüssen,
Felstürmen und Baumruinen«

DIE JAGD IN DEN KÖNIGSSEER BERGEN

Von jeher wurden die Berchtesgadener Alpen von allerlei illustren Persönlichkeiten bis hin zu den bayerischen Königen zur Jagd besucht. Das Wimbachtal zählte zu den wichtigsten Revieren, ja es trug früher aufgrund seines Wildreichtums sogar den Namen »Tiergarten«. Der letzte Fürstpropst von Berchtesgaden ließ sich als komfortablen Jagdstützpunkt das heute als Gaststätte dienende Wimbachschloss (s. u.) errichten. Unzählige Legenden ranken sich um die Abenteuer und Tragödien der Jagd rund um den Königssee. Ein gewisser Hans Duxner soll im 17. Jahrhundert alleine 127 Lämmergeier erlegt haben, während sich Urban Fürstmüller zur selben Zeit mit 25 erlegten Bären und 43 geschossenen Steinadlern hervortat.

In das Amüsement bei der Lektüre dieser alten Geschichten mischt sich teilweise aber auch Befremden: Mit Begeisterung und Stolz berichtet mancher Literat davon, wie man Hirsche, die von Hunden in den Königssee hineingehetzt wurden und verängstigt um ihr Leben schwammen, aus dem Boot heraus bequem abknallte. Noch weit bis ins 20. Jahrhundert hinein ließen sogenannte Feingeister jede Sensibilität für die Gefahr des Aussterbens von Tierarten vermissen, so etwa Friedrich Schönau, der in seinem pathosgeladenen Buch über die »Hochlandromantik um den Königssee« die Adlerjagd als heroisches Tun darstellt und einige Kapitel später vom Pflanzenschutz spricht! Der »Adlergraf« Max Arco-Zinneberg verewigte seine Jagderlebnisse unter anderem in seinem unbeholfenen Mundartgedicht »Rat für Adlerjäger« (1865), in dem er lehrt, dass man die »schlauen Luder« besonders gut anlocken und schießen könne, wenn man nahe dem Adlerhorst ein Kätzchen festbindet oder den flugunfähigen Jungvogel zum Schreien bringt. Schönau fand diese Verse fast neunzig Jahre später noch »lustig« und »köstlich«. Helden dieses Schlages waren es, die für die Ausrottung mehrerer Tierarten rund um den Königssee verantwortlich zeichneten. Eines darf man bei diesen Überlegungen natürlich nicht vergessen: Heutzutage sind Jagd-Schilderungen wie die des »Adlergrafen« zwar nicht mehr salonfähig, doch greift die gegenwärtige Gesellschaft mit ihren Baumaßnahmen, ihrem Müll und ihren Abgasen folgenschwerer in die Natur ein als je zuvor.

Wer für eine Nacht in der Grieshütte bleibt, hat abends Zeit, tiefer in die Geheimnisse der Landschaft einzudringen. Exkursionen sind vielerorts möglich und vor allem im Bereich der oberen Schuttströme sehr lohnend. Auf dem Gries selbst oder seinen seitlichen »Moränen« wandert es sich meist angenehm und unschwierig. Im Licht der Dämmerung ein besonderes Erlebnis!

Sterbende Berge Woher kommt der ganze Schutt im Wimbachtal? Ein Blick zu den fürchterlich brüchigen Ramsaudolomit-Bergruinen der Palfelhörner am südlichen Talschluss zeigt es: Jedes Jahr stürzen hier unzählige Tonnen Gesteinsmaterial zu Tal und lagern sich ab. Regnet es tagelang, saugt sich die teilweise mehrere hundert Meter starke Geröllschicht mit Wasser voll, die Schuttströme geraten in Bewegung und schieben sich mit Urgewalt talabwärts. Pflanzen können auf einem so bewegten Untergrund kaum Halt finden, weshalb hier völlig vegetationslose Sandstriche und Wälder unmittelbar benachbart sind. Je weiter man sich den Felsbastionen namens Rotleitenschneid, Hundstodkendlkopf, Kühleitenschneid und Palfelhörner nähert, umso urtümlicher wird die Landschaft. Den be-

rühmten Ostalpen-Pionier Hermann von Barth, der am 11. Juli 1868 am Großen Palfelhorn bei einem Besteigungsversuch abstürzte und sich glücklicherweise nur leicht verletzte, inspirierte dieser Anblick zu folgenden Worten: »Aufgerissen bis in seine innersten Eingeweide umfängt der Mauerkranz das amphitheatralisch an seinem Fuße hingebreitete Trümmermeer.«

Die Einsamkeit im hintersten Wimbachgries ist tief beeindruckend – das gurgelnde Rinnsal im Leoganger Seilergraben mit seinem Geflüster von Schmelzen und Fließen, Werden und Vergehen wirkt wie ein heiterer Widerpart zum feierlichen Ernst der mächtigen, toten Schutthalden. Der Blick wandert immer wieder zum Watzmann, noch faszinierender sind indes die vielen hundert bröseligen Türme und Zinnen der Palfelhörner. Über das Kleine Palfelhorn verzeichnete 1911 der Zeller-Führer, der Vorläufer der heutigen Alpenvereinsführer: »Gehört zweifellos zu den bizarrsten, abenteuerlichsten Felsgestalten der Nördlichen Kalkalpen.« Und das Kleinste Palfelhorn wurde gar erst 1933 erstbestiegen – mehr als zwei Jahre, nachdem die Watzmann-Ostwand bereits im Winter erklommen

*Das Große Palfelhorn
von Südwesten,
rechts hinten der
Watzmann*

war! 1959 ereignete sich an den Palfelhörnern ein gigantischer Felssturz, der die winterliche Schneedecke auf mehreren hundert Metern mit riesigen Muren überdeckte. Damals kam niemand zu Schaden, aber es gab auch keine Augenzeugen, die von diesem Ereignis hätten berichten können.

Die vielleicht wildeste Gegend des Wimbachtals erleben wir, wenn wir schließlich in Richtung Loferer Seilergraben hinaufwandern. Der teils markierte, teils nur als Spur im Geröll erkennbare Weg führt zunächst kurz absteigend am nördlichen Fuß der Palfelhörner vorbei und dann in Richtung Wimbachscharte hinauf. Bald passieren wir eine Engstelle zwischen den Felsburgen und finden uns in einem weltfernen Canyon wieder, dem Loferer Seilergraben, über dem Dutzende von brüchigen Felsnadeln thronen. Leblos wirkt diese Welt aus Stein und Sand, abweisend und zugleich faszinierend. Auf etwa 1650 Meter Höhe überqueren wir einen Seitenbach dieses öden Tals, der mit seinem kühl sprudelnden Wasser so gar nicht hierher zu passen scheint. Gleich darauf geht es steil nach oben: Der letzte felsige Aufschwung bis zur Wimbach-

scharte stellt mit seinen beinahe vierhundert Höhenmetern noch einmal die persönliche Fitness auf die Probe, und auch Trittsicherheit und Schwindelfreiheit sind hier – wie es oft so schön heißt – »angenehm«. Für Nicht-Skifahrer ist es kaum zu glauben, dass diese Steilflanke im Frühjahr oft zur Abfahrt genutzt wird. Ein wenig Mut ist schon vonnöten, wenn man sich zum krönenden Abschluss der berühmten »Großen Reibn«, der gewaltigen Skiumrundung des Königssees, hier auf Brettln hinunterstürzt, um schließlich in Schussfahrt ins Wimbachtal hinauszusausen …

Palfelhorn und Seehorn Als Sommerbergsteiger stehen wir oben schließlich vor der Entscheidung, das Große Palfelhorn zu besteigen oder nicht. Die körperliche Verfassung mag hier ausschlaggebend sein, aber auch die Uhrzeit, wenn man etwa den letzten Bus aus dem Weißbachtal hinauf zum Hirschbichlpass nicht verpassen will. Falls wir anstelle des Palfelhorns gleich das deutlich weniger anspruchsvolle Seehorn ansteuern, wandern wir einfach auf dem Weg zum Hochwiessattel weiter; andernfalls steigen wir bald nach der Wimbachscharte links (östlich) weg-

weiter unten folgt dann mit dem Seehornsee noch einmal ein echter landschaftlicher Höhepunkt: Grünlich-geheimnisvoll schimmert das Wasser in seiner Mulde und lädt zu einem höchst erquicklichen Bad ein. Früher hieß der Seehornsee »Dießbachsee«, bis man den jetzigen Dießbachstausee schuf und aus dem kleineren der nunmehr zwei Dießbachseen den Seehornsee machte. Der weitere Abstieg führt uns bald ins Almgelände der Kallbrunnalmen, wo wir auf eine Fahrstraße treffen und rechts in gut einer Stunde über die Weißbachalm nach Hintertal hinunterwandern können. Nun muss uns nur noch der Wanderbus (letzte Fahrt 16.38 Uhr) oder ein freundlicher Autofahrer hinauf zum Hirschbichl und zum Hintersee kutschieren, von wo aus uns ein anderer Bus zur Wimbachbrücke zurückbringt. Bitte informieren Sie sich kurz vor der Tour über die Busverbindungen!

Hundstodkendlkopf und Großer Hundstod vom Seehorn aus

los bergauf und erreichen den Grat, der die außergewöhnliche Berggestalt des Palfelhorns trägt. Ein schmaler Pfad lotst uns nun teilweise etwas ausgesetzt zum Gipfel hinüber, wobei der genaue Verlauf und Zustand des Weges vor Ort begutachtet werden müssen: Immer wieder brechen ganze Stücke des Grates einfach weg – augenfälliger kann Erosion nicht vonstatten gehen! Auf derselben Route geht's zurück, dann aber am besten nicht wieder zur Wimbachscharte hinab, sondern weiter auf der Kammhöhe zum Hochwiessattel, wobei ein paar felsige Stellen den Gebrauch der Hände erfordern (I). Schließlich erwandern wir uns das Seehorn, einen hervorragenden und eigenständigen Aussichtsberg, der zwar wie das Palfelhorn streng orographisch zur Hochkaltergruppe gezählt wird, gefühlsmäßig aber eine ganz eigene »Ecke« in den Berchtesgadener Alpen darstellt.

Abstieg über den Seehornsee Auf dem markierten Pfad steigen wir schließlich am Westhang des Seehorns ab. Das sogenannte Sennerinkreuz auf 2170 Meter Höhe, an dem manch einer vielleicht gedankenlos vorübergeht, erinnert an ein dramatisches Ereignis: Die Sennerin Gertraud Schwab erfror hier beim Schafesuchen im Schneesturm – an einem 23. August! – und wurde erst ein Jahr später gefunden. Knapp vierhundert Meter

29 Auf die Hirschwiese

Vom grauen Wimbachtal ins blau-grüne Königsseetal

  7–9 Std. je 1500 Hm

TOURENCHARAKTER
Lange, durchgehend markierte Bergwanderung. Bis zur Wimbachgrieshütte völlig unschwieriger breiter Weg. Zum Trischübel etwas steiler, aber unschwierig. Hinauf zur Hirschwiese steil, aber auf gutem Pfad, bei Nässe unangenehm! Abstieg nach St. Bartholomä an der Sigeretplatte etwas ausgesetzt, teilweise schroff und felsig, aber unschwierig. Gute Kondition und Trittsicherheit erforderlich!

GIPFEL
Hirschwiese (Hirschwieskopf), 2114 m

TALORT
Ramsau, 670 m

AUSGANGSPUNKT
Wimbachbrücke, 620 m

ANFAHRT
Mit dem Auto auf der B 305 zur Wimbachbrücke; Bus von Berchtesgaden

GEHZEITEN
Wimbachbrücke – Wimbachgrieshütte 2–2:30 Std., Trischübel 1–1:30 Std., Hirschwiese hin und zurück 2 Std., über die Sigeretplatte nach St. Bartholomä 2:30–3 Std.; insgesamt 7–9 Std.

HÖHENDIFFERENZ
Insgesamt rund ↑↓ 1500 Hm

BESTE JAHRESZEIT
Juli bis Oktober

EINKEHR
Wimbachgrieshütte, 1326 m. Touristenverein Naturfreunde, bewirtschaftet Anfang Mai bis Ende Oktober. Tel.: 08657/344, E-Mail: bernd_kreh@web.de

KARTE
Umgebungskarte »Nationalpark Berchtesgaden« 1:25 000, dazu evtl. AV-Karte 10/1 »Steinernes Meer« 1:25 000

Kombinierbar mit Tour 17, 27, 28, 30

Der Watzmannstock ist vor allem für seine riesigen Wände und die schroffen Felsspitzen bekannt. Ein einziger Gipfel aber beruhigt bis zum höchsten Punkt hinauf das Auge mit Wiesenhängen und befindet sich doch inmitten des wilden Hochgebirges: die Hirschwiese, die auch von Bergwanderern bestiegen werden kann und der Höhepunkt eines Übergangs vom Wimbachtal ins Königsseetal ist.

Aufstieg durchs Wimbachtal Ausgangspunkt der Tour ist die Wimbachbrücke zwischen Berchtesgaden und Ramsau. Auf dem Weg ins Wimbachtal geht es anfangs noch über Asphalt, doch bald bleiben die bewohnten Gegenden zurück, und man steht vor der Entscheidung, entweder links der gebührenpflichtigen Wimbachklamm einen Besuch abzustatten oder sie rechts auf einem steilen Fahrweg zu umgehen. Durch das wildromantische Wimbachtal führt der breite Weg nun in mäßiger Steigung aufwärts, und je weiter man ins Innere des Tals vordringt, umso beeindruckender erscheint die Umgebung – lesen Sie dazu auch die Beschreibung bei Tour 28!
Die Wimbachgrieshütte liegt schon inmitten einer bizarren, von Schutt geprägten Erosionslandschaft und bietet die einzige Übernachtungsmöglichkeit auf dieser Route.

Anmarsch durchs Wimbachtal

STEILE WILDNIS AM KÖNIGSSEE

Der Hachelgrat, der von der Hirschwiese östlich hinabzieht und die Hachelköpfe (auch Hachelspitzen) und den Burgstallkopf trägt, zählt zu den wildesten Berggestalten am Königssee. Seine Nordwände, die Hachelwände, sind von jeher wegen ihrer Brüchigkeit und des düsteren Aussehens berüchtigt. Berühmte Bergsteiger haben sich hier in die Erstbegeherlisten eingetragen: Ludwig Purtscheller stand 1890 als Erster auf dem Großen Hachelkopf, Josef Aschauer erkletterte 1931 mit Josef Kurz als Erster die Nordwand, Franz Rasp überwand 1967 die Felsmauer sogar allein. Noch heute ist der Hachelgrat ein selten betretenes Niemandsland, das von keiner Seite leicht zu erreichen ist.

Über den Trischübel zur Hirschwiese Der Weiterweg wird bald richtig alpin: Zunächst noch ganz ins südöstliche Hintere Wimbachtal hinauf und am Abzweig des Pfads zur Watzmann-Südspitze (Tour 30) vorbei, schwingt sich der Weg bald steiler und schmäler in Richtung Trischübel hinauf. Hier gilt es sich zu entscheiden: Steigt man gleich zum Königssee ab, oder reichen Kondition und Zeit für eine Besteigung der Hirschwiese? Höchst lohnenswert ist das allemal, doch sollte man das letzte Schiff, das je nach Saison allerspätestens um 18.30 Uhr in St. Bartholomä ablegt, nicht verpassen! Der bezeichnete Aufstieg zur Hirschwiese führt ein kurzes Stück zu einer Hütte (1799 m) hinauf, von der aus ein Abstecher zu einer kleinen Quelle weiter östlich möglich ist. Dann geht es steil nach oben, immer auf einem deutlichen, gut gangbaren Pfad, aber auch etwas anstrengend und leicht ausgesetzt.

Am Gipfelplateau ist das Staunen dann groß: Die direkt gegenüberliegende Watzmann-Südspitze zeigt sich als kühnes Horn aus ungewohntem Blickwinkel, und sogar ein Stück Königssee ist vom Gipfelkreuz aus zu sehen. Wer Glück hat, findet im Frühsommer in der Mulde des Gipfelplateaus einen kleinen Schmelzwassersee vor und kommt in den seltenen Genuss einer Gipfel-Waschmöglichkeit. Der Tiefblick ins Wimbachgries ist gewaltig, und im Süden locken die Gipfel des Steinernen Meeres. Zurück am Trischübel kann man

sich auf den Übergang ins geheimnisvolle Königsseetal freuen: Der knapp dreistündige Abstieg zum Königssee ist an der Sigeretplatte etwas ausgesetzt, jedoch landschaftlich sehr lohnend (siehe auch die Touren 17, 27). Von St. Bartholomä geht es dann per Schiff und Bus wieder zurück zur Wimbachbrücke.

Abend auf der Hirschwiese. Danach Abstieg durchs Wimbachtal, denn so spät fährt keine Schiff mehr.

125

11–14 Std.   je 2330 Hm

TOURENCHARAKTER
Im Wimbachtal einfacher Wanderweg. Aufstieg zur Südspitze steil, lang und mühsam, Stellen I, bei Nebel schwierige Orientierung. Am Grat viele ausgesetzte und abgespeckte Felspassagen (I–II), nur stellenweise mit Drahtseilen gesichert, kein durchgehend gesicherter Klettersteig! Abstieg zum Watzmannhaus unschwierig (Stelle I), danach breite Wanderwege. Sehr gute Kondition, Bergerfahrung, Trittsicherheit und Schwindelfreiheit erforderlich, nur bei guten Verhältnissen und nicht bei Gewittergefahr begehen! Ausreichend Getränke sowie evtl. Helm und Klettersteigset mitführen!

GIPFEL
Watzmann-Südspitze, 2712 m; W.-Mittelspitze, 2713 m; W.-Hocheck, 2651 m

TALORT
Ramsau, 670 m

AUSGANGSPUNKT
Wimbachbrücke, 620 m

ANFAHRT
Mit dem Auto auf der B 305 zur Wimbachbrücke, Bus von Berchtesgaden

GEHZEITEN
Wimbachbrücke – Wimbachgrieshütte 2–2:30 Std., Watzmann-Südspitze 3:30–5 Std., Mittelspitze 1–2 Std., Hocheck 0:30 Std., Watzmannhaus 1:30 Std., über die Mitterkaseralm zur Wimbachbrücke 2:30–3 Std.; insgesamt 11–14 Std.

HÖHENDIFFERENZ
Insgesamt ↑↓ 2330 Hm

BESTE JAHRESZEIT
Je nach Schneeverhältnissen Juli–Oktober

EINKEHR
Wimbachgrieshütte, 1326 m. Touristenverein Naturfreunde, bew. Anfang Mai bis Ende Oktober. E-Mail: bernd_kreh@web.de, Tel.: 08657/344; Watzmannhaus, 1928 m. AV-Hütte, bew. Ende Mai bis Mitte Oktober. Tel.: 08652/96 42 22, www.watzmannhaus.de; Tagesbetrieb auf der Mitterkaseralm

KARTE
Umgebungskarte »Nationalpark Berchtesgaden« 1:25 000

Kombinierbar mit Tour 27, 28, 29, 31, 32

Der Watzmann ist ein einzigartig geformtes Gebirgsmassiv, das alle umliegenden Berge überragt und einer ganzen Landschaft Identität gibt. Er war Schauplatz alpinistischer Sternstunden, ein Ort großer Freude und bergsteigerischer Meilensteine. Aber er verkörpert auch eine dunkle, geschichtslose Dimension von Sage und Mythos und ist einer der Berge, an denen zu viele Leben zu früh zu Ende gingen. Superlative tragen zu seinem Status bei und werden von diesem wieder neu provoziert. Manche sagen: die schönste Überschreitung, die höchste Wand, die meisten Todesopfer, der höchste ganz auf deutschem Gebiet liegende Berg und dergleichen mehr. Abertausende krabbeln jedes Jahr über seine Grate, übernachten in seinen Hütten, starren vom See aus in seine Wände. Kurz: Der Watzmann ist der Berg schlechthin weit und breit. Im Gegensatz zu manch anderem Magneten des Massentourismus ist er aber auch heute noch ein Berg, der Wildheit und Unberührtheit vermitteln kann.

Ein September-Wochenende am Watzmann kann vieles bedeuten: Suffgeschnarch und Verdauungsdünste im überfüllten Matratzenlager, groteske Bergsteigerstaus am Grat, aber eben auch – zur richtigen Zeit am richtigen Ort – die Einsamkeit des wilden, öden Hochgebirges. In Rufweite des Trubels, so möchte man fast sagen, thront eine strenge Stille über Fels und Abgrund – in der vergessenen Watzmann-Westwand, auf der so gut wie nie betretenen Griesspitze, dem Watzmannlabl oder der Schüttalpelschneid. Man muss diesen einsamen Orten nicht ihre Stille nehmen, muss

sie nicht unbedingt selbst aufsuchen, zumal dann, wenn sie entlegen und schwer zu erreichen sind. Die vorgegebene Infrastruktur der Pfade und Markierungen kann genügen, um das Gebirge in seiner ganzen Tiefe zu erleben. Allein schon ein Blick aus der Ferne, mit dem Wissen um dieses Hintergründige, mag ein Anreiz sein fürs Unterwegssein auch auf vielbegangenen Routen. Und selbst einer hundertfach beschriebenen Tour wie der Watzmann-Überschreitung kann man sich auf diese Weise neu nähern.

Gegen den Mainstream Es ist schon seltsam: Die Watzmann-Überschreitung dürfte eine der am häufigsten beschriebenen Bergtouren der Nördlichen Kalkalpen sein – aber alle halten sich an die fast dogmatische Nord-Süd-Richtung, die aufgrund der Lage des Watzmannhauses natürlich gewisse Vorteile bietet. Sehr viele Bergsteiger beschreiben jedoch den steilen Knieschnackler-Abstieg von der Südspitze ins Wimbachtal als den mit Abstand schlimmsten Teil der ganzen Tour – warum also nicht einmal die Überschreitung umgekehrt ausführen, von Süden aufsteigen und die Gelenke schonen? Für Bergsteiger

mit viel »Schmalz« in den Wadln spricht nichts dagegen. Schon Peter Carl Thurwieser stieg bei der Erstbesteigung der Südspitze im Jahr 1832 von Süden auf, Hermann von Barth 1868 ebenso, und Johann Punz (»Preissei«) überschritt 1873 mit Josef Pöschl zum ersten Mal alle drei Spitzen von Süd nach Nord. Wie oft der Bergführer Johann Ilsanker von Süden her aufstieg, bleibt leider ein Geheimnis – wir wissen nur, dass er bis zu seinem Tod im Jahr 1893 über tausend Mal auf dem Watzmann stand!

Tiefblick zu den Schuttströmen des hinteren Wimbachtals

Hagengebirge, Tennengebirge und Dachstein (hinten rechts) im Morgendunst

Gipfelfreude auf der Watzmann-Südspitze

Der weite Weg durchs Wimbachtal bis zur Wimbachgrieshütte ist die erste Etappe der Unternehmung und eine gute Möglichkeit, sich für den folgenden Steilaufstieg aufzuwärmen. Und bereits dieses Tal hat viel Sehenswertes zu bieten, siehe die Beschreibung bei Tour 28. Nur die Konditionsstärksten brechen schon frühmorgens an der Wimbachbrücke auf, um die gesamte Überschreitung an einem Tag durchzuführen – oder in weniger als fünfeinhalb Stunden, auch das kommt vor. Angenehmer ist es da sicherlich, in der Wimbachgrieshütte zu übernachten und anderntags in aller Herrgottsfrühe die Watzmannbesteigung anzupacken.

Zunächst geht es von der Hütte aus auf dem Wanderweg in Richtung Trischübel weiter, bis auf einer Höhe von 1432 Meter links ein beschilderter Steig abzweigt und an den Fuß der Watzmann-Südsüdwestflanke heranführt.

Das angenehm flache Wimbachgries bleibt nun zurück, und sofort geht es steil in die Höhe. Im ersten Teil des Aufstiegs vermitteln sandige und latschenbewachsene Rinnen den Weg, und schwere Eisenketten helfen hier und da bei der Fortbewegung. Die Umgebung ist höchst bizarr: Immer wieder beeindrucken wilde, brüchige Felstürme abseits des Weges – sie bestehen aus brüchigem Ramsaudolomit, der den Sockel des Watzmannmassivs bildet, während der obere Teil aus festerem Dachsteinkalk besteht. Trotz Vegetation eine Art Mondlandschaft!

Das Untere Schönfeld Nach dem Aufstieg in einer steilen Erdrinne folgt auf gut 1850 Meter Höhe das Untere Schönfeld, eine kleine, idyllisch anmutende Wiesenfläche. Auch wenn man es nicht glauben mag: Dieses grüne Fleckchen wurde in früheren Zeiten als

*Ein königliches
Erlebnis: Morgen-
stimmung in den
Berchtesgadener
Alpen*

Weide genutzt. Mit welchen Strapazen und harten Naturerfahrungen muss die Viehwirtschaft hier verbunden gewesen sein – wir können uns heutzutage ja kaum mehr vorstellen, wie die Tiere überhaupt hier heraufkamen! Links unterhalb, in wenigen Schritten zu erreichen, liegt das »Goldbründl« in einer kleinen Schlucht versteckt: ein Bächlein mit herrlichen Gumpen, das allerdings in Trockenperioden versiegt. Aus der Wiesenlandschaft des Unteren Schönfelds steigen wir dann steil und über zunehmend von Geröll verschüttete Hänge zum nächsten Felsriegel auf. Dieser wird in gekonnter Linienführung überwunden, an einzelnen Stellen helfen Drahtseile. Auf gebahntem Weg durch so eine Steilflanke steigen zu können und dabei lediglich Ausschau nach der nächsten Markierung halten zu müssen, ist doch eigentlich ein großer Luxus. Wer den Watzmann schon einmal vom

Hundstod oder vom Steinernen Meer aus gesehen und sich beim Anblick seiner vermeintlich senkrechten Südwestflanke (vgl. Foto S. 117 oben) kopfschüttelnd vorgestellt hat, dass da eine markierte Route hindurchführt, der wird vor Ort bewundernd feststellen, dass man fast ohne Kletterei durchkommt! Hermann von Barth hatte es hier im Jahre 1868 natürlich deutlich schwerer. Sein Bericht vom damals noch weitgehend weg- und markierungslosen Aufstieg lässt viel von den Orientierungsproblemen und Unwägbarkeiten erahnen, die seinerzeit mit dem führerlosen Bergsteigen verbunden waren.

Das Obere Schönfeld Anstrengend ist die Tour natürlich noch heute: Rund 1400 steile Höhenmeter trennen die Südspitze von der Wimbachgrieshütte, und das vielleicht unangenehmste Stück folgt schließlich mit dem

Oberen Schönfeld, einem riesigen Schutt-hang. Zugegeben, diese Passage lässt sich im Abstieg komfortabler überwinden als im Aufstieg, wenn es heißt »zwei Schritte vor, einen zurück«. Dafür haben wir uns der Knieprobleme, die beim Abstieg über die Steilflanke oft auftreten, im Gegenzug für einige Aufstiegsmühen entledigt. Achten wir einmal auf die Umgebung: Links unserer Aufstiegsroute befindet sich im Südwestgrat der Watzmann-Südspitze die Griesspitze, die zu den unbekanntesten und am seltensten bestiegenen Bergen der Berchtesgadener Alpen zählt. Sie ist nur schwer zu erreichen und aufgrund ihrer Brüchigkeit und Entlegenheit auch kein sonderlich angenehmes Ziel. Rechts dagegen zieht die Schönfeldschneid zur Südspitze hinauf: ein sehr langer und brüchiger Grat, der in einzelnen Abschnitten schon Ende des 19.

Seilversicherte Gratpassage (oben); Watzmann-Ostwand und Südspitze im Morgenlicht (unten)

Jahrhunderts überklettert wurde. Nach dem Oberen Schönfeld ist das Schlimmste geschafft, es folgt nur noch die Gipfelwand, in der es, vor allem wenn viele Bergsteiger unterwegs sind, zu Steinschlag kommen kann. Immer den Markierungen folgend klettern und steigen wir durch das Felsgelände wenig schwierig, aber steil hinauf, und dann ist es soweit: Die Südspitze, früher auch Schönfeldspitze genannt, liegt mit ihrer flachen Gipfelkuppe vor uns!

Gipfelstaunen Es wäre eine Sisyphos-Arbeit, das unvergleichliche Panorama in allen Einzelheiten zu beschreiben. Einzelne Details ringen uns Staunen und Freude ab, wenn wir etwa die charakteristischen Gestalten von Dachstein und Großglockner in der Ferne erkennen. Anderes wiederum wirkt beinahe aberwitzig, phantastisch im wahrsten Sinne des Wortes, so zum Beispiel der Tiefblick auf die winzigen Schiffe auf dem Königssee 2100 Meter tiefer! Das Steinerne Meer liegt uns ausgebreitet zu Füßen, Göll, Hochkönig und Hochkalter grüßen aus verschiedenen Richtungen herüber, und beim Blick hinab ins Wimbachtal meinen wir das Fließen der Schuttströme förmlich zu sehen. Nun zahlt es sich aus, schon im ersten Morgengrauen den Fuß an die Steilflanke gesetzt zu haben: Denn die vielen Bergsteiger, die sich vom Watzmannhaus über den Grat herüberwälzen, erreichen meist erst am späten Vormittag die Südspitze – so ist ein stilles, wirklich sprachlos machendes Gipfelerlebnis nicht unwahrscheinlich.

Der berühmte Watzmanngrat Spätestens beim Weitergehen über den berühmten Watzmanngrat ist wieder die volle Konzentration gefragt. In vielfachem Auf und Ab geht es zur Mittelspitze hinüber – streckenweise genau auf der Gratschneide, seltener auf der Ostseite mit atemberaubenden Blicken hinunter in die Ostwand, oft auf der Westseite. Zahlreiche einfache Kletterstellen gestalten den Weg sehr abwechslungsreich, während ein paar anspruchsvollere Passagen mit Drahtseilen gesichert sind. Der größte Teil der Wegstrecke besteht jedoch aus Gehgelände. Die Faszination dieser Tour blieb nach den ersten Begehungen in den 1860er Jahren natürlich nicht lange verborgen: Im

Jahre 1907 wagten schon dreihundert Personen den Übergang über den damals gerade erst gesicherten Grat, und heute geht die Zahl in die Tausende. Der Abgrund auf der linken Seite hinab ins Wimbachtal ist übrigens fast ebenso gewaltig wie der zum Königssee – das ist die fast unbekannte und völlig im Schatten der Ostwand stehende Watzmann-Westwand. Sie ist rein klettertechnisch gesehen einfacher zu überwinden und fast ebenso hoch wie die Ostwand, wird allerdings wegen der wenigen verfügbaren Informationen und des geringeren Prestigefaktors nur selten aufgesucht. Bereits 1869 wurde die Westwand im Abstieg durchstiegen, und Wilhelm von Frerichs besuchte sie im Zuge einer ungewöhnlichen Watzmann-Überschreitung: Er gelangte im Jahr 1900 aus dem Watzmannkar über die Ostwand auf die Mittelspitze und stieg dann über die Westwand ins Wimbachtal ab! Es ist überhaupt auffällig, dass am Watzmannstock einige schwierige Touren zunächst im Abstieg und erst später im Aufstieg bewältigt wurden. Neben der Westwand war dies auch bei der oben erwähnten Schönfeldschneid, der Südflanke der Watzmannfrau und weiterer Routen der Fall.

Die Watzmann-Mittelspitze selbst, die wir je nach den Verhältnissen am Grat in ein bis zwei Stunden von der Südspitze aus erreichen, ist der schroffste Gipfel des gesamten Massivs. Früher wurde sie auch »Nördliche Watzmannspitze« oder »Hochspitze« genannt und war 1881 das Ziel der ersten Durchsteigung der Watzmann-Ostwand, während Ostwandbegeher heutzutage fast immer zur Südspitze aussteigen. Die Rundumsicht von der Mittelspitze ist nach der Gratüberschreitung vielleicht nicht mehr ganz so gewaltig und überraschend wie von der Südspitze, aber es wäre vermessen, hier zwischen schön und weniger schön zu unterscheiden. Das letzte Stück des langen Watzmanngrates führt von der Mittelspitze zum Hocheck hinüber. Einzelne versicherte Stellen erfordern noch einmal Konzentration und festes Zupa-

DIE UNBEKANNTE WATZMANNSAGE

Im Gegensatz zur bekannten Sage vom grausamen König Watzmann, der zur Strafe in Stein verwandelt wird, ist die Sage mit den Erdmännchen kaum bekannt. Darin ist ebenfalls vom grausamen König die Rede, der seine Bauern quält, indem er sie vor den Pflug spannt. Eines Tages erscheint jedoch ein »kaum zwei Zoll hohes Männlein« aus der Erde, das den Bauern Rettung verspricht. Wenn Watzmann wieder seine Hunde auf sie hetzt, so seine Anweisung, sollen sie Kieselsteine auf ihn werfen. Gesagt, getan: Als der König anderntags seine Hunde auf die Bauern hetzte, warfen diese mit Steinchen, die sich im Flug plötzlich zu ungeheuren Felsen vergrößerten, und auf jedem ritt ein Erdmännchen. Hunde und Herr wurden von den Steinmassen zugedeckt, der Bauer und seine Gefährten aber wanderten nach Tirol aus. Noch heute hört man manchmal das Winseln der Hunde, wenn in einer Felsspalte des Berges der Wind pfeift ...

cken, dann ist das Ende des anspruchsvollen Übergangs erreicht. Die kleine Unterstandshütte auf 2650 Meter Höhe, im Jahre 1898 erstmals errichtet, befindet sich nach einer Renovierung endlich wieder in gutem Zustand und kann sogar als Übernachtungsmöglichkeit in Betracht gezogen werden. Eine Nacht in dem kleinen Hüttchen mit so gut wie keiner Einrichtung erfordert allerdings eine gute Ausrüstung inklusive warmem Schlafsack.

Über 2000 Höhenmeter bis ins Tal Der Abstieg zum Watzmannhaus fällt unseren müden Beinen nun zweifellos weitaus leichter als der Steilabstieg von der Südspitze ins Wimbachtal. Der von Skifahrern im Frühjahr gern befahrene weglose Nordhang des Hochecks, der zur Gugel und über die Abfahrtsschneise bis zur Stubenalm führt, wird auch im Sommer ab und zu begangen und stellt eine sehr direkte Abstiegsmöglichkeit dar. Wir wollen aber auf dem regulären Weg dem Watzmann-

haus einen Besuch abstatten und wandern daher auf dem markierten Pfad immer nahe dem Nordostgrat zum sogenannten Hochstieg hinunter, der die letzte drahtseilgesicherte Felspassage mit sich bringt. In weiten Serpentinen führt der Weg dann zum Falzköpfl hinab, auf dem das Watzmannhaus in unvergleichlicher Lage steht. Glücklich, wer sich jetzt noch die Zeit nehmen kann, eine Nacht zu bleiben. Die Annehmlichkeiten eines gemütlichen Hüttenabends, am besten natürlich werktags und nicht gerade in der Hauptferienzeit, tun nach erfolgreicher Überschreitung doppelt gut. Nach Sonnenuntergang vor der Hütte zu sitzen und mitzuerleben, wie im Tal die Lichter angehen, ist ein schöner Abschluss eines großen Bergtages. Zuletzt sind es dann noch gut 1300 Höhenmeter über die Falzalm, die Mitterkaseralm und die Stubenalm hinunter zur Wimbachbrücke, wo die Tour dann mit einem Fußbad im eiskalten Wasser der Ramsauer Ache endet.

Zwischen Mittelspitze und Hocheck

HINTERGRUND

Das Watzmannhaus wurde durch die Sektion München des DAV in den Jahren 1887/88 gebaut, da die zuvor als Unterkunft genutzten Almen – z. B. die Gugelalm – der aufkommenden Touristenströme nicht mehr Herr wurden. Der extra dafür engagierte italienische Baumeister Valentin Raspamonti war eine schicksalhafte Gestalt: Nachdem er bei früheren Hüttenbauarbeiten schon die linke Hand verloren hatte, geriet er Jahre nach dem Bau des Watzmannhauses in große finanzielle Not und ersuchte schließlich sogar die Sektion München, ihn beim Kauf einer Drehleier zu unterstützen, mit der er fortan sein Dasein zu fristen gedachte.

Das neben der ständigen Überfüllung größte Problem des Watzmannhauses war in den ersten Jahrzehnten der Wassermangel. Im Jahre 1912 fand man endlich unterhalb des Hochecks auf ca. 2370 Meter Höhe eine Quelle, die den dringendsten Bedarf vorerst deckte. Erster Wirt des Watzmannhauses war von 1888 bis 1905 übrigens Johann Grill (»Kederbacher«), der berühmte Ersteiger der Watzmann-Ostwand.

Interessant ist auch, welche Spuren der Postkartenboom des frühen 20. Jahrhunderts am Watzmannhaus hinterließ: Von 1911 bis 1929 wurden im Haus laut Sektions-Chronik sage und schreibe 500 000 Ansichtskarten abgesetzt, und 1924 wurde dem damaligen Hüttenwirt die Pacht gekündigt, da er unerlaubterweise auf eigene Rechnung Postkarten beschafft und verkauft hatte. Bei der Suche nach einem Nachfolger wurde schließlich der Wirtin Emma Strobl der Vorzug gegenüber zahlreichen anderen Bewerbern gegeben, da sie den Vorsitzenden der Sektion München, Georg Leuchs, mit ihrer freundlichen Art überzeugt hatte. Dieser war inkognito in ihrer Gaststätte in Hallthurm eingekehrt und hatte, um sie auf die Probe zu stellen, absichtlich nur einen halben Pfannkuchen bestellt – und bekam ihn!

31 Mooslahnerkopf und Watzmannfrau

Stille Wege an einem wilden Berg

  12 Std. je 2150 Hm

TOURENCHARAKTER

Anspruchsvolle Bergtour mit alpinem Charakter. Aufstieg über den Rinnkendlsteig stellenweise gesichert, steil und ausgesetzt. Auf den Mooslahnerkopf unschwieriger, aber steiler Pfad. Die Besteigung der Watzmannfrau erfolgt über den schwach markierten Normalweg über den Kederbichl, mehrere leichte Kletterstellen. Schwierigste Einzelstelle ist der Gendarm im Nordgrat, eine sehr ausgesetzte, kurze Kletterstelle im II. Grad. Nur für erfahrene, absolut schwindelfreie und wegfindige Bergsteiger; bei Nässe unangenehm! Abstieg zum Dorf Königssee auf einfachen, breiten Wanderwegen.

GIPFEL

Mooslahnerkopf, 1815 m; Watzmannfrau, 2307 m

TALORT

Königssee, 604 m

AUSGANGSPUNKT

St. Bartholomä, 604 m

ANFAHRT

Mit Bus oder Auto zum Königssee, weiter mit dem Schiff nach St. Bartholomä

GEHZEITEN

St. Bartholomä – Kührointalm 2:30–3 Std., Mooslahnerkopf hin und zurück 2–2:30 Std., Watzmannfrau hin und zurück 5 Std., Abstieg zum Dorf Königssee 2 Std.; insgesamt rund 12 Std.

HÖHENDIFFERENZ

Insgesamt ↑↓ 2150 Hm

BESTE JAHRESZEIT

Juli bis Oktober

EINKEHR

Kührointhütte, 1420 m. Privathütte mit Übernachtungsgelegenheit, bewirtschaftet von Mai bis Oktober. Tel.: 0171/353 33 69, www.kuehroint.com

KARTE

Umgebungskarte »Nationalpark Berchtesgaden« 1:25 000 oder AV-Karte Bayerische Alpen BY22 »Berchtesgaden/Untersberg« 1:25 000

Kombinierbar mit Tour 1, 2, 30, 32

»Wer Watzmannfrau sagt, muss auch Watzmann-Mann sagen«, könnte man philosophieren. Tatsächlich herrscht keine Klarheit über den Namen der Nummer 2 im Watzmannmassiv. Die Karten bevorzugen zwar überwiegend »Kleiner Watzmann«, ignorieren damit aber die aufgrund der Sage gemeinhin akzeptierte Weiblichkeit des Berges. Denn nicht nur der grausame König, sondern auch Frau und Kinder wurden, so heißt es, für ihre Verbrechen bestraft und in Stein verwandelt. Der Zeller-Führer von 1911 kennt die gemütliche Bezeichnung »Watzmannweibl«, und sogar »Watzfrau« ist mitunter anzutreffen. Wie man sie auch nennen mag, ihr Schattendasein gegenüber dem Großen Watzmann ist enorm und von den späten Nachmittagsstunden an wörtlich zu verstehen. Es gibt keinen Wanderweg zum Gipfel hinauf, nur einen schmalen Pfad mit Kletterstellen. Auch sind die anspruchsvollen Passagen nicht mit Drahtseilen entschärft, wie man das von der Watzmann-Überschreitung gewöhnt ist. So bürgt also schon der Normalweg auf die Watzmannfrau für ein erhebliches Maß an landschaftlicher Ursprünglichkeit, gepaart mit dem außergewöhnlichen Etwas, das so vielen »Second Summits« dieser Welt eigen zu sein scheint. Zusammen mit dem Mooslahnerkopf und dem Rinnkendlsteig als Zustiegsroute ergibt das eine großartige Zweitagestour mit unvergesslichen Tiefblicken.

In St. Bartholomä verfolgen wir den nördlichen Uferweg, der als reizvolle Seepromenade den inneren Schweinehund betört, noch bevor die

Tour richtig begonnen hat: Faul auf der Bank sitzen, sich sonnen, vielleicht kurz ins Wasser hüpfen und dann auf eine Halbe in den Biergarten? Falls der motivierte Bergsteiger diesen Versuchungen widersagt hat, erreicht er die Stelle, wo der Weg das Ufer verlässt und die ersten Höhenmeter überwindet. Der sogenannte Rinnkendlsteig führt nun zunächst durch Wald und weiter oben durch freies Steilgelände, das noch Spuren des großen Waldbrandes von 1927 zeigt. Einige alte Holzleitern und Drahtseile sehen nicht sehr vertrauenerweckend aus, doch insgesamt ist der Steig für schwindelfreie Bergsteiger gut zu begehen und aufgrund der wunderschönen Tiefblicke zum Königssee höchst lohnenswert. Oben angekommen, schauen wir noch kurz bei der aussichtsreichen Archenkanzel vorbei, bevor wir eine Viertelstunde später die Kührointalm erreichen. Es bietet sich an, am Nachmittag noch den Mooslahnerkopf anzupacken und in der Kührointhütte zu übernachten, um dann am nächsten Morgen mit frischen Kräften zur Watzmannfrau aufzubrechen. Aber auch eine große Ein-Tages-Tour mit nur einem der beiden Gipfel ist möglich.

Überraschende Aussichten Der Weg zum Mooslahnerkopf ist nicht deutlich beschildert: Er zieht von der Kührointhütte südlich hinauf und überquert auf 1405 Meter Höhe eine von Ost nach West verlaufende Forststraße – hierher gelangt man auch direkt vom Wanderweg Archenkanzel–Kührointalm –, ist dann aber nicht mehr zu verfehlen. Durchgehend im Wald führt der deutliche Steig nach oben, mitunter etwas steil und rutschig, aber unschwierig und nicht ausgesetzt. Nach gut einer Stunde erreichen wir dann den Gipfel,

Unglaubliche Tiefblicke vom Rinnkendlsteig

Die flache Halbinsel von St. Bartholomä ragt weit in den Königssee hinein.

Der Hüttenkomplex der Kührointalm

Die Watzmannfrau ruft Eine Bergtour von deutlich größerem Kaliber ist die Besteigung der Watzmannfrau. Von der Kührointhütte gehen wir ein Stück auf dem Wanderweg in Richtung Watzmannhaus, bis am Ende der freien Almfläche bei einem Wasserbehälter links ein Pfad hinaufführt. Auf diesem steigen wir zunächst bequem und flach, bald steiler und wurzelreicher über den bewaldeten Höhenrücken auf. Noch vor dem eigentlichen Gipfelaufbau folgt dann die Schlüsselstelle: Die Nordostflanke der Watzmannfrau verengt sich hier zu einem schmalen Grat, der auf seiner Schneide überquert wird und nicht umgangen werden kann. Schon manch ein Wanderer ist angesichts dieser plötzlichen Schwierigkeit verzagt und umgekehrt. Dabei ist es tatsächlich mehr die überraschende Ausgesetztheit als die klettertechnische Schwierigkeit an sich, die hier Kopfzerbrechen bereitet. Nach wenigen Metern konzentrierten Steigens im II. Grad wird das Gelände sofort wieder leichter, und die beiderseitigen Abgründe gähnen nur noch in sicherer Entfernung.

Der Große Watzmann, gesehen abends von der Watzmannfrau aus

der eigentlich nur eine untergeordnete Erhebung im langen Ostkamm der Watzmannfrau darstellt. Und doch ist es ein Ort, der bei guten Sichtverhältnissen unvergesslich bleiben wird. Wer hier am Nachmittag aus dem schattigen Wald neben dem Gipfelkreuz in die Sonne hinaustritt, dem tut sich ganz unvermittelt eine freie Sicht hinab zum Königssee auf – ein herrlicher Anblick, an dem man sich nicht satt sehen kann. Zurück geht es auf dem Aufstiegsweg.

Exponierte Gipfelmomente Einige Steinmänner und gelbe Farbtupfer helfen im weiteren Verlauf bei der Orientierung. Dennoch ist unsere Wegfindigkeit gefragt, da es sich nicht um eine deutlich markierte Route handelt. Über einzelne leichte Kletterstellen, Geröll und Felsplatten gewinnen wir mehr und mehr an Höhe, bis der steile Anstieg am Gipfelkreuz endet. Der Blick zieht dann seine weiten Kreise, wandert nach Süden über das Steinerne Meer, über Hochkönig und Hagengebirge, über den Hohen Göll und den Untersberg. Gleich nebenan dominiert die schiere Felsmasse des Großen Watzmanns. Besonders imponierend wirkt das Watzmannkar mit den fünf Kindern und seinem öden Fels-Chaos aus unserer Perspektive – eine tief beeindruckende Urlandschaft! Auf dem vorgelagerten Südgipfel der Watzmannfrau finden wir weiche Sitzplätze im Gras und können ein bisschen über die Geschichte dieses Bergs sinnieren. Im Jahr 1852 setzten der Überlieferung zufolge der siebzehnjährige Johann Grill und der erst neunjährige Johann Punz als Erste ihren Fuß auf den Gipfel der Watzmannfrau. Später genossen die beiden Ramsauer, bekannt als »Kederbacher« und »Preissei«, hohes Ansehen als Bergführer. Im 20. Jahrhundert war die Watzmannfrau vor allem wegen ihrer markanten Westwand ein alpinistischer Brennpunkt. Sehr interessant ist aber auch der Blick über den Ostgrat zum Mooslahnerkopf hinab. Diese Route ist nämlich strenggenommen die technisch einfachste an der Watzmannfrau, da sie keine so unangenehme einzelne Kletterstelle beinhaltet wie der Normalweg. In einer anspruchsvollen, weglosen Überschreitung steigen erfahrene Bergsteiger manchmal also auch vom Mooslahnerkopf über den Grat und zuletzt durch die schuttreiche Ostflanke zur Watzmannfrau hinauf.

Für den Abstieg ist aber in jedem Fall der Normalweg vorzuziehen, denn er ist uns bereits bekannt und bietet begeisternde Tiefblicke in den Berchtesgadener Talkessel. Ist der kurze Grat mit seinem exponierten Gendarm dann überwunden, müssen wir nur noch durch den Wald zur Kührointalm absteigen, wobei auf dem schmalen Pfad vor allem bei Nässe Rutschgefahr, aber keine Absturzgefahr mehr herrscht. Von Südwesten her erreichen wir dann wieder Kühroint. Nachdem wir uns vielleicht noch die im Jahr 1999 errichtete

Bergopfer-Gedenkkapelle angesehen haben, beginnt mit dem Abstieg zum Dorf Königssee das letzte Kapitel der Tour. Über ausgeschilderte Forststraßen und breite Wege geht es hinunter zur Klingeralm und an der Bob- und Rodelbahn entlang zum Dorf Königssee. Wie schön und zugleich merkwürdig ist es, wenn man dort noch einmal zurückdenkt an die wilde, einsame Hochgebirgslandschaft, die wir durchschritten haben! Eine steile Welt, die sprachlos macht ...

Tiefblick zum Mooslahnerkopf und zum Königssee

Der düstere Doppelgipfel der Watzmannfrau aus dem Watzmannkar

32 Schapbachriedel und Grünstein
Ein unbekannter Hügel und sein beliebter Nachbar

3–3:30 Std.   je 700 Hm

TOURENCHARAKTER
Kurze Wandertour. Am Schapbachriedel schmaler, steiler, unmarkierter Pfad, der bei trockenem Untergrund unschwierig zu begehen ist; bei Nässe Vorsicht wegen Rutschgefahr! Am Grünstein und beim Abstieg einfache, markierte Wanderwege und Fahrstraßen.

GIPFEL
Schapbachriedel, 1329 m; Grünstein, 1304 m

TALORT
Oberschönau, 640 m

AUSGANGSPUNKT
Parkplatz Hammerstiel, 765 m

ANFAHRT
Mit dem Auto von Berchtesgaden oder der B 305 über Oberschönau zum Parkplatz Hammerstiel. Mit dem Bus 843 von Berchtesgaden bis Kramerlehen und zu Fuß in 20 Minuten zum Parkplatz Hammerstiel

GEHZEITEN
Parkplatz Hammerstiel – Schapbachriedel 1:30 Std., Grünstein 0:45 Std., Parkplatz Hammerstiel 1–1:30 Std.; insgesamt 3–3:30 Std.

HÖHENDIFFERENZ
Insgesamt ↑↓ 700 Hm

BESTE JAHRESZEIT
April bis Oktober, bei trockenem Boden ohne Schnee auch in anderen Monaten. Besonders reizvoll ist die Tour abends.

EINKEHR
Grünsteinhütte, 1220 m. Privathütte, bew. von 1. Mai bis Ende Oktober. Keine Übernachtungsmöglichkeit! Tel.: 0171/832 93 28, www.gruensteinhuette.de

KARTE
Umgebungskarte »Nationalpark Berchtesgaden« 1:25 000 oder AV-Karte Bayerische Alpen BY22 »Berchtesgaden/Untersberg« 1:25 000

Kombinierbar mit Tour 30, 31

Wundersame Begegnungen am Grünstein: Da gibt es Konditionsbolzen, welche die 550 Höhenmeter vom Parkplatz bis zum Gipfel im Laufschritt absolvieren. Andere rennen sogar bergab und in Hundebegleitung. Wieder andere tragen ihr Kleinvieh eigenhändig zum höchsten Punkt hinauf, entzünden dort oben Feuer oder starten mit dem Gleitschirm einen Rundflug. Wanderer, Ausflügler, Grenzpolizisten und Sportler aller Couleur tummeln sich auf dem Grünstein, einem der beliebtesten Aussichtsgipfel des Berchtesgadener Landes. Und nur die wenigsten wissen, dass sich nicht weit davon ein noch höherer Berg erhebt, welcher aber – dem dichten Wald auf seiner Kuppe sei Dank! – sein Dasein in Vergessenheit, ja in dornröschengleichem Schlaf fristet. Die Rede ist vom Schapbachriedel, der über einen originellen Pfad mit Watzmannblick bestiegen werden kann. Der anschließende Abstecher zum Grünstein gleicht dann fast schon einer »Rückkehr in die Zivilisation«. Apropos Rückkehr, schauen wir einmal in die Vergangenheit: Einer der beiden Gipfel hieß früher »Klingerkopf«, doch welcher? Utzschneiders Karte von 1794 benennt eindeutig den Schapbachriedel so, Riedl dagegen verzeichnet 1806 den Grünstein als Klingerkopf. Altes Wissen, in den Tiefen der Zeit verborgen ...

Unterwegs auf dem schmalen Pfad am Schapbachriedel

Der Waldpfad am Schapbachriedel Die Tour beginnt am Parkplatz Hammerstiel in der Hinterschönau. Man verfolgt zuerst die Fahrstraße geradeaus weiter in Richtung Kührointhütte und Watzmannhaus und trifft nach hundert Höhenmetern auf die Linkskurve, von der an die Straße in südöstlicher Richtung eben ins Schapbachtal hineinführt. An dieser Stelle zweigt links ein kleiner Pfad in den Wald hinauf ab. Dieser führt anfangs noch parallel zur Fahrstraße, aber deutlich steiler ebenfalls südöstlich bergauf. Der Pfad ist sehr schmal und unmarkiert, jedoch deutlich zu sehen und auch nicht verwachsen. Ohne Schwierigkeiten steigt man auf ihm nun den Nordwestrücken des Schapbachriedels hinauf, wobei strenggenommen der Rücken selbst Schapbachriedel heißt und der Gipfel keinen eigenen Namen trägt. Über einige steilere und leicht ausgesetzte Stellen (Vorsicht bei Nässe!) geht es abwechslungsreich nach oben, wobei immer wieder sehr schöne Blicke hinab ins Schapbachtal und hinüber zum Watzmann frei werden. Im flacheren oberen Teil wird eine Vorerhebung überschritten, bis gleich darauf der unscheinbare Gipfel folgt, auf dessen höchstem Punkt ein Baum wurzelt.

Der Grünstein und sein Talblick Der in den meisten Karten von hier an nicht mehr eingezeichnete Pfad führt einfach über den Gipfel des Schapbachriedels hinweg und südöstlich hinab, wo er wenige Minuten später auf den markierten Weg von der Kührointalm trifft. In diesen biegt man links (nördlich) ein und quert die Ostflanke des Schapbachriedels bis in das Joch zwischen diesem und dem Grünstein, wo von rechts der Aufstieg von der Bob- und Rodelbahn Königssee einmündet. Kurz darauf spitzt die in der Sommersaison bewirtschaftete Grünsteinhütte zwischen den Bäumen durch. Fünfzehn Minuten später ist dann auch schon der vielbesuchte Grünsteingipfel erreicht, wo sich erstmals der Wald lichtet und eine fabelhafte Sicht ins Tal frei wird.

Der Abstieg führt wieder zurück zur Grünsteinhütte und dann auf markierten Wegen und Fahrstraßen nordwestlich zum Parkplatz Hammerstiel hinab. So schlicht und unspektakulär wie diese Tour endet auch dieses Buch. Tage und Jahre vergehen, die Erinnerungen bleiben. Ob es mir wohl gelungen ist, etwas von der unvergleichlichen Faszination der Königsseer Berge einzufangen?

Die Watzmannfrau im Morgenlicht

Bayern hat eine Wüste: Im Loferer Seilergraben